刘文学

中国梦·青少年爱国励志篇

编 著：孙莹莹

黑龙江美术出版社

图书在版编目（CIP）数据

刘文学/孙莹莹编著.--哈尔滨：黑龙江美术出版社,2013.12（2018.7重印）
（中国梦.青少年爱国励志篇）
ISBN 978-7-5318-4326-9

Ⅰ.①刘… Ⅱ.①孙… Ⅲ.①刘文学（1945~1959）–生平事迹–青年读物②刘文学（1945~1959）–生平事迹–少年读物 Ⅳ.①K828.4-49

中国版本图书馆CIP数据核字(2013)第286506号

刘文学

编　　著/孙莹莹
责任编辑/陈颖杰　郭婧竹
装帧设计/郭婧竹
出版发行/黑龙江美术出版社
地　　址/哈尔滨市道里区安定街225号
邮政编码/150016
发行电话/（0451）84270514
网　　址/www.hljmscbs.com
经　　销/全国新华书店
印　　刷/北京一鑫印务有限责任公司
开　　本/720×1020　1/16
印　　张/11
字　　数/100千
版　　次/2013年12月第1版
印　　次/2018年7月第2次印刷
书　　号/ISBN 978-7-5318-4326-9
定　　价/34.80元

前　言

  凡可称经典者，必具备以下特质：第一，经由人类文化、文明史千锤百炼般检验后依然万古长存，深受一代代读者的垂青和热读；第二，不会因为社会政治、经济、文化环境的变迁而改变传播命运；第三，所蕴含的人生理念、美育观点、知识能量、人伦教理，永远是人类正能量取之不竭的源泉，即所谓的"源头活水"；第四，具有人类普世的价值内核。当然，经典有时会表现出那么一点点的不与时俱进，有时还会表现出那么一点点的非现代化，但是经典永远不会引领人类走向歧途。对于一个民族来说，没有经典文化的代代传播和代代阅读，这个民族就没有立足世界的本根；同样，没有经典的世界，也就妄谈人类文明。经典文化犹如快速奔跑、努力拼搏着的人类的老母亲，她会在你时而有些忘乎所以的狂热之时提醒你一句：放慢脚步，等一等你的灵魂。正因为如此，在人类现代化程度如此之高的 21 世纪，阅读经典的热潮才会一波高过一波，这是人类的希望所在。因为人类没有因为高科技带来的现代快节奏生活而忘记深情回望一眼自己的母亲，再聆听一下母亲那似乎有些老套但绝对本质的叮咛。

  "少而好学，如日出之阳。"阅读经典从青少年开始，就会牢牢铸就孩子一生的营养健康基因。这种营养的投入，就像某种产品的间接成本，你说不上它作用于孩子未来的哪一个方面，但绝对是成就孩子理想健康人格和综合素质所必要的。

这套青少年版用眼镜蛇卡通形象为标识的经典文化书系，由三个系列组成，第一系列："影响孩子一生的国学典藏书系。"它荟萃了中华文化浩瀚海洋中的精华，从古老的《诗经》到浪漫的唐诗、宋词、元曲、明清小说，从经典的蒙学读物到诸子的智慧篇章，从充满想象力的神话故事到上下五千年的历史……可谓循序而进，万象毕集。第二系列："中国孩子必读的世界经典名著书系。"它汇集了世界经典文学读本，意在通过世界不同语言国家的经典名著的阅读，打开孩子观望世界的窗口，培养孩子博大的文化胸襟，融入世界的思维方式和情感趋向。毕竟，人类已经进入了地球村的时代，世界经济也正在走向一体化。第三系列："中国梦·青少年爱国励志篇。"它囊括了为国牺牲、献出年轻生命的英雄们的故事，刘胡兰、董存瑞、雷锋等人物形象历历在目，栩栩如生，旨在让青少年在阅读中重温过去，了解历史，感受革命与传统的震撼，感受红色浪潮的冲击，从而受到爱国主义、民族精神的教育。

最后须要强调的是，"经典"是一个开放的系统，因此本套"眼镜蛇经典文化书系"在现有诸多品类的基础上，还会不断增加新的内容，以满足青少年读者的阅读渴望。

编　者

目 录

艰难的日子 1
找妈妈去 8
痛心的记忆 12
懂事的孩子 20
仇恨的种子 27
牢记党的恩情 33
顽皮的学生 42
人小志大 55
妈妈的教诲 61
保护公家财产 66
身边的英雄 72
依依惜别 81
复学 85
帮助同学 91
帮着抓坏蛋 95

高度警惕性	100
制止谣言	107
工作重于一切	115
热爱劳动	120
英雄在心里	133
一次活动	139
坚持不懈	145
鼓励伙伴	149
英勇牺牲	156
深切怀念	166

艰难的日子

1945年2月,四川省合川县渠嘉乡双江村,在一个贫苦农民家里,诞生了一个苦命的孩子,这孩子就是刘文学。

刘文学的爸爸刘银山是个裁缝,刘银山11岁起学手艺,当了几十年的裁缝。

当时能缝得起衣服的都是地主老财,他们要刘银山缝衣服,却百般挑剔,克扣工钱,有时干脆白赖着,工钱分文不给。

刘银山空有一份手艺,他白天黑夜累死累活的,也只对付着让一家人半饥不饱,刘文学的妈妈还得去打零工,帮人家洗洗补补,挣几个零钱贴补家用，这才勉强打发过日子。

刘银山还曾有过两个儿子，都因为贫病交迫，活活病死了。

刘文学的出生，让夫妇俩非常高兴，日子虽然还是照样贫困，但小孩身子骨还挺结实，没病少灾，勉强拉扯大了。

家里日子难过，刘文学常常饿肚子。一天，邻居李奶奶给刘文学一个烤红薯，他咬了一口，忽然想起妈妈和小妹妹还没吃东西，他就拿着红薯，往家里跑。

"妈妈，李奶奶给我一个大红薯，给妈妈和小妹妹吃。"刘文学进门直跑到妈妈身边。

妈妈一阵心酸，她把刘文学手里的红薯掰下一小块，说："好孩子，这点儿给你妹妹吃，余下的你自己吃，妈不吃，妈不饿。"

刘文学把那半块红薯塞到妈妈嘴边说："妈妈，你吃吧。"

妈妈笑着咬了一口，眼泪却流出来了，她说："你小小的年纪，就知道关心别人，真是好孩子。你吃吧，妈真的不饿。"

刘文学把红薯又拿到爸爸跟前，说："爸爸，你吃吧。"

"孩子……我也不饿。"刘银山说着，低下脑袋，往门外走去。

刘银山心里很难过，他走出门外，就沿着河岸向渠河嘴的小街走去。

刘银山来到街市，走到肉铺店时，看见渠嘉乡有名的地主王荣学。王家有四弟兄，老大王学忠在国民党军队里当过营长，老三是乡长，老二在乡里当了个伪乡丁班长，为非作歹，无恶不作，人人背地里都管他叫"地头蛇"。

刘银山正走着，忽然听得后面有人叫："刘三哥，你急急忙忙干什么去？"

刘银山回头一看，不是别人，正是地主王荣学。

原来，刘银山和王荣学家沾点亲：论辈分他和王荣学还是表兄弟，他们小时候也在一起玩过，只是有好多年不来往了。现在，王荣学忽然称兄道弟的，刘银山实在猜不透。

这时，王荣学从肉铺里拿出一只肥猪腿，让

刘银山帮他提了，说："我有话跟你说。"刘银山提着猪腿，跟着王荣学往王家大院走去。

他们走着，王荣学问刘银山近来日子过得怎样。

刘银山听到这亲切的问话，很感动，就把自己的困难全说了出来。

王荣学听着，一脸同情的样子，说："三哥，以后的日子还长呢，你家里还有大小三口张着嘴等着你，得想些办法才行啊。"

刘银山说："我这穷手艺人有什么办法呢？要是二爷肯帮衬，照顾我一点儿，那就多谢了。"

王荣学更加诚恳亲切的样子，说："咱们是亲戚，帮你的忙是应该的，倒是有一桩买卖，我是对谁都没说过，咱俩是从小一起长大的，我信得过你，咱俩可以一起干。"

原来，王荣学跟合川的鸦片贩子勾结，把这一带的鸦片买卖包下来，眼下少几个跑腿的，王荣学知道刘银山老实谨慎，不会耍花样，就想让他过来帮忙。

王荣学说:"三哥,你只要照我说的去做,就再也不愁没饭吃了。"

刘银山越听越害怕,他结结巴巴地说:"二爷,我……我不成啊。"

王荣学看着他,笑笑说:"有我呢。咱这买卖是通天的。从区里到省里,大头儿都是股东老板,你放心跟我干吧。我不会让你吃亏的。"

王荣学硬拉着刘银山到自己家去,刘银山一想自己已经山穷水尽,再也没法好想了,就暗自想:"一家人要活命啊。难道眼睁睁看着他们活活饿死吗?卖几天烟再说吧。只要有人找我做衣服,就再不干这个了。"

刘银山在王荣学家喝了点酒。他不会喝酒,一盅下肚,翻肠倒肚,把肚子里的愁苦,都对王荣学讲了出来。

王荣学安慰了他几句,心里更加得意,自己不过略施手段,这穷鬼就把自己当作亲人了,以后让他死心塌地跟着自己做,不会有什么问题的。

刘银山喝过酒,临走的时候,王荣学给了他

二十多两生烟土，放在竹篮子底下，上面盖着红薯，他对刘银山说："只要你把这烟土送到指定的地方，就再给你酬劳钱。"

刘银山回到家里，悄悄地把这事跟刘文学的妈妈说了。

刘文学的妈妈越听越觉得不对头，没等听完，就大声说："人穷也得有志气。我们就是饿死也不能做这种坏事。"

"我也不是没想过，实在是没路了。等以后有活干了，我就不帮他做这事了，我不能眼看两个孩子饿死啊。"刘银山无奈地说。

刘文学的妈妈抓起篮子说："你还真打算马上就干呀，快去把这些东西还给人家，要不然，我马上给扔到渠河里。"

刘银山慌忙哀求说："可千万使不得。你要扔了这篮东西，我们一家就全没命了。"

刘文学妈妈咬着嘴唇说："你要是不马上送回去，我就不活了。"

刘银山害怕闹得左邻右舍都知道这事，又怕真要把鸦片扔到渠河里，那乱子就闹大了。他只好叹口气说:"别闹了,我马上去还人家。我也是不得已呀。"

刘银山说着,就提了篮子走出了门。

刘文学看到爸爸出去了,就到妈妈面前说:"妈妈,别生气了。"

妈妈把刘文学搂在怀里,这个倔强的妇女,忍不住流出了眼泪。她对刘文学说:"好孩子,人穷要有骨气,冻死饿死,也不做对不起别人的事。我们饿死,也不要吃坏人给我们的粮食,妈明天再出去想办法。"

刘文学当时还听不懂妈妈说的话的含义,他只知道要做个好孩子,所以他说:"我听妈妈的话,我长大了干活养妈妈和小妹妹。"

听了刘文学的话,妈妈欣慰地笑了。

找妈妈去

　　为了不让一家人饿死，刘银山还是背着刘文学的妈妈，去帮着王荣学贩卖鸦片。可是不久，就被抓了。刘文学的妈妈被逼无奈，只好带着妹妹出去帮工挣钱，好养家糊口。

　　刘文学的妈妈临走前，把刘文学送到堂嫂家，托她帮着照看。刘文学在伯娘家，认识了小伙伴陈火生，陈火生比刘文学大一岁，他爸爸余林叔是个贫民。

　　刘文学知道，妈妈进城干活去了，他要赶进城里去找妈妈，他不愿意跟妈妈分开。

　　刘文学来到渠河边，他东张西望，看见有一

艘船正要撤跳板，准备解缆离岸，刘文学想，要进城找妈妈，必须要坐上船，于是，他踏上跳板，急急往船上走去。

船上的人见了，急忙问："你这小孩子干什么？"

这时，一个老船工走到跳板上，抱起刘文学，喊着："谁家丢了孩子？快来带回去。"

喊了几声，也没人答应，那老船工看见没人来接孩子，就把刘文学抱到岸边放下，准备上船，刘文学紧跟着老船工又要爬上船去。

那老船工说："这船不上合川去，就是到合川去，你没大人带着也不能去啊。"

刘文学硬是哭着闹着一定要上船。

船上的人正没办法时，忽然有一个男人走到船边，一把抱起刘文学，说："你果然跑到这里来了。"

来人是火生的爸爸余林叔。

船上的人不明真相，就责备余林叔说："怎么不看好孩子呀。要是掉进河里，怎么办？"

余林叔苦笑着说："你们说得对，不过这孩

子不是我家的，他爸爸在城里吃冤枉官司，他妈妈进城干活去了，他寄养在我们村上他亲戚家，这孩子是偷偷溜到这儿的，想自己找妈妈去。"余林叔说完，抱着刘文学上了岸。

刘文学无可奈何地被余林叔带回村里。伯娘看到他回来了，才放了心，也不再说什么，忙着张罗，让刘文学吃饭。

小伙伴火生也到处找小刘文学，听说刘文学回来了，他赶紧来找刘文学，告诉刘文学说："你不要急，安心住在这儿。过几天我带你到城里去找你妈。"

刘文学眼睛一下亮了，信任地看看火生，觉得他真是个好朋友。

说完，火生回家了，过了一会儿，他背着手进来，对刘文学说："你看这是什么？送给你。"

火生把手从背后拿出来，原来他手里拿着的是一只放在竹笼子里头的小八哥。

刘文学被这只小八哥吸引住了，这小鸟的样子有点像乌鸦，身上的黄毛还没脱尽，胸口上还有点儿秃,露出微红的嫩肉。它站在笼底,不安地扑东扑西,转着脑袋,好像打量着,有么地方可以跳出来。

火生说:"你喂着它,以后等它大点儿,我们来教它说话。"

"它能说话?"刘文学惊奇地问,更加有兴趣了。

火生说:"能说话,八哥挺聪明,以前金堂爷爷养过一只八哥,会说'你来啦,吃过饭啦?明天天好',金堂爷爷说,要八哥学说话,还得先把它的舌头修得薄薄的,过几天我们找金堂爷爷给八哥修舌头,待会儿我们一块去找虫子和蚯蚓,八哥最爱吃它们。"

刘文学急急忙忙吃过了饭,带着八哥,跟火生一起约了小朋友,到村外找虫子去了。

痛心的记忆

还没教会八哥说话,刘文学的妈妈就回来了。

那天,刘文学跟火生他们一起割了点儿羊草回来。他一走到伯娘家门口,就听见屋里说话的声音,刘文学一听到这个声音,就知道这是谁在说话。

刘文学扔下羊草,高声喊着"妈妈",就冲到屋里。

刘文学一看到妈妈,就把所有的事都忘记了,才五岁多的刘文学,一下就投进了妈妈的怀里。

刘文学看了又看妈妈，觉得妈妈好像变样儿了。

是啊，妈妈的确变样儿了，她更瘦了，眼眶发黑，脸更黄了，颧骨也显得更高了。

"妈，妹妹呢？"小刘文学忽然问。

"……她病了。"妈妈的声音里充满着忧郁，说，"妈来接你回家。"

刘文学听说妹妹病了，就问："妹妹病好了吗？那现在谁陪着她呢？妈妈，那我们快回家吧。我去陪妹妹。"

妈妈感谢了伯娘这些天对刘文学的照顾，带着刘文学走了。

刘文学出了伯娘家门，急急忙忙去找火生和柳生他们。在村头，刘文学和伙伴们分手了。这些天他一直跟火生他们在一起，现在忽然要分手，觉得好像丢了件什么东西似的。

刘文学拉着妈妈的手，边走边担心地问："妈，你还到合川去吗？"

妈妈忧伤地告诉他说不去了，刘文学高兴地跳起来，但是，他哪里懂得妈妈心里的痛苦。

妈妈到合川后不久，妹妹忽然病了，发高烧，说胡话，妈妈没钱给妹妹看病，想向老板娘借一斗米钱，哪知一开口，老板娘就说，带着有病的孩子在她家，干活不便，万一有个三长两短的，开店的最忌讳这个事情，就让妈妈带孩子走，妈妈就背着发烧的妹妹回来了。

和妈妈回到家，刘文学一进门，就看见李奶奶正抱着妹妹坐在破木板床上。

李奶奶看见刘妈妈他们回来了，就轻声说："刘文学他妈，这样不成啊，总得找医生给她看看啊。"

妈妈接过妹妹，眼里含着泪水说："拿什么去看医生哪？我们穷人只有认命。"

刘文学看看妹妹，见她瘦得就剩一把骨头，而且病得这么厉害，不由得心里又急又疼。

李奶奶叹了口气对妈妈说："医生是要去看的，你不要着急，我这儿还有一点，是小贵他爹扛苦力挣来的，我舍不得用，揣在身上很长时间了，孩子病得这么厉害，你拿去看医生吧。"说着，就从怀里掏出一块银元，塞到妈妈的手里。

妈妈推辞说："这是小贵他爹累死累活挣来的血汗钱,我怎么好用啊。"

李奶奶说："天下穷人是一根苦藤上长的,我们不照顾你,谁照顾你,快收起带孩子看病去,不要耽误了。"

妈妈擦了擦眼泪,谢过了李奶奶,就抱着妹妹去看医生,刘文学在后面跟着。

不一会儿,刘文学和妈妈就来到了街上的一个小诊所,开诊的医生姓尤。

这个尤医生,原来是个走江湖的,根本不懂什么医术,就在这渠河嘴上开了个"诊所",胡乱骗一口饭吃,这几天生意清淡,正急得要命。

尤医生一看他们进来,就摆了一点医生的架子,问是哪个不舒服?

妈妈抱着妹妹坐下,把病情说了一遍。刘文学好奇地打量这个医生和这间屋子,一阵阵草药的气味还夹杂着霉味、大烟味和别的什么怪味,直钻他的鼻子,他感到有点恶心。

那先生伸着焦黄的手指,诊着妹妹的脉,装模作样。

妈妈焦急地问:"先生,没事吧?"

尤医生突然对妈妈大声说:"最多还有两个钟头,这孩子就没命了。"

就像一声晴天霹雳,妈妈眼前一黑,差点昏过去,可是又马上镇定下来,求医生救救孩子的命。

"办法还是有的,只怕你舍不得花钱哟。"尤医生眯起眼,看着妈妈的反应。

刘妈妈咬着嘴唇,问:"你说要花多少钱嘛?"

尤医生把两根食指交叉起来。

"这是多少哇?"刘妈妈疑惑地问。

"十担米。"尤医生轻声说,接着他又解释说,"我不要你多,诊金也不算,这十担米不过够药钱。我们医家是'仁心济世',要治人好,不为赚钱。"

尤医生还要讲下去,可是,妈妈站起身,抱起小妹妹就走,刘文学也跟着出来。

尤医生见妈妈要走,知道是自己狮子大开口,把人吓跑了,就急忙说:"你怎么就走呀?

人命要紧嘛。钱好商量。分几次付也可以啊。"

刘妈妈在门口说："就是付一辈子，也付不起。我们穷人只有认命。"说完就跨出门去。

尤医生眼看到口的肉要掉，急忙拦住说："总不能见死不救呀，让我想想看，也许减几味药也行的。"

妈妈说："先生，实话对你说，我只有一块银元，再什么也没有了，你看行，就给孩子抓点药。"说着，就把钱拿出来。

尤医生收下钱，给了一点药，就把妈妈他们打发走了。

回到家里，给妹妹吃了药，妹妹居然清醒了，还会对着哥哥笑了，妈妈这下放心了。

刘文学也很高兴，他把自己的许多宝贝，还有八哥都拿来给妹妹玩。

可是，妹妹没有精神，不过对它们看了一眼，碰也不碰它们一下。

这八哥这些天来已经驯熟了，见了人也不怕，打笼子里放出来，它就在床上一跳一跳。妹妹看着它，笑了一笑，伸出小手来要捉它。

看到妹妹喜欢这鸟儿，刘文学心里非常高兴。

刘文学急忙捉住八哥送到妹妹手里，说："我把它送给你，等你病好了，我带你一起教它说话。"

妹妹点了下头，她那又瘦又惨白的小脸上，露出了一丝笑容。

那天晚上，刘文学睡得很甜，他又和妈妈、妹妹在一起了，这是他最满意、最幸福的事情。

忽然一种声音惊醒了刘文学，他醒来时发现妈妈在哭，昏暗的灯光下，刘文学看见在妈妈的身旁，妹妹脸色灰白，嘴角紧闭，已经死了。

刘文学觉得心头一阵酸痛，也随着妈妈一起大声哭起来了。

妈妈没钱买棺木，第二天清早，李奶奶家和邻居来帮忙，在山坡上挖了个坑，用草席裹着妹妹埋了。

在掩埋妹妹的黄土上面，妈妈和刘文学栽了两棵小树，临走的时候，刘文学又把随身带来的八哥，在坟地上放了。

八哥不懂刘文学的意思,高兴地在坟地上一跳一跳的。

刘文学随着妈妈的低声哭泣,走远了。

懂事的孩子

总得活下去呀,妈妈埋葬好妹妹,抹干了眼泪,打起精神,又干起了洗衣服的活来。

火生和柳生背着背篼,一路捡着柴,来找刘文学,刘文学就把放走了八哥的事儿告诉了火生。

火生说,放走就算了,以后再去捉百灵,百灵比八哥叫得更好听。

他们在河边玩了好一会儿,然后就回去了。

刘文学在回家的路上,看见一个妇女把一只小鸡扔到草坡里。

刘文学过去一看,那只小鸡出窝才几天,还

有一点气。

　　刘文学问:"你不要了?给我吧,它还有点活气呢。"

　　那妇女说:"你要就拿去吧,活不了。"

　　刘文学捡起了那只小鸡,捧在手里,就往家跑。

　　刘文学高兴得不得了,老远就叫着:"妈妈,看我的小鸡。"

　　妈妈奇怪地问:"什么小鸡呀?"

　　刘文学走到妈妈跟前,把小鸡给妈妈看,兴高采烈地说:"是人家扔的,我看它还有点气,就要了来,妈,你看它还活着。"

　　妈妈说:"只怕活不长,还要死的。"

　　刘文学说:"不会死的,我一定能养活它。"

　　刘文学说着,就进屋拿出一只纸盒做一个窝,然后把小鸡放进去。

　　那小鸡果然活过来了,叽叽叽叫个不停,还尝试着从盒子里跳出来。

　　刘文学每天去捉虫子,捡菜叶回来,把它们

剪得碎碎的，喂小鸡吃。

小鸡慢慢地跟刘文学熟了，一听到他的声音，就跑过来。

刘文学非常喜欢小鸡，有时还带它出门到地里去，看着它找东西吃。

小鸡一天天长大，刘文学心里高兴极了，他问妈妈小鸡多久会下蛋。

妈妈告诉他说再过几个来月就可以了。

刘文学高兴地说："等它下了蛋，给妈妈吃，也给爸爸吃。"

妈妈愁苦的脸上出现了难得的笑容，她搂住儿子说："你这孩子，倒有心哦。"

妈妈当然不是等着吃鸡蛋，她为刘文学这种可爱的想法感到幸福。

刘文学从此对这只小母鸡更关心了。

炎热的夏天到了，小母鸡已经长大了。

火辣辣的太阳把石头晒得就像火炭一般，刘文学的家里热得没法坐，妈妈坐在渠河边树底下补衣服。

妈妈抬眼，忽然看到那鸡缩着脖颈，身体缩

成一团，站在屋下打盹，忽然又睁开眼叫了一声。

　　妈妈跟刘文学说："这鸡怕是有病了吧？"

　　刘文学听见妈妈的话，急忙走到母鸡跟前儿一看，就喊："妈妈，这鸡怎么尽拉白屎呢？"

　　妈妈走过来一看，说："这鸡真是闹病了，你伯娘倒会治鸡瘟，可惜她又不在跟前。"

　　刘文学说："我去，向伯娘要药给鸡吃。"

　　不等妈妈说话，刘文学已经向伯娘家跑去了。

　　刘文学随身背着个背篼，想在路上可以随时把捡到的柴放进去。

　　刘文学满头大汗地跑到了伯娘家，向伯娘要了点治鸡瘟的药，就转身回家了。

　　刘文学虽然走得很急，可还是不忘把路旁的断枝杂草捡到背篼里去。

　　刘文学正疾走着，突然看见地上有一根枯树枝，就俯身把它捡了起来。

　　可是刘文学走了没多远，树林里钻出一个蒜儿鼻、黄黑脸皮、焦黄胡子的人，拿着一根手杖，腆着个大肚子，向他走过来。

刘文学认出他是地主王荣学。

王荣学却不认识刘文学。他睁着两只野猫眼，恶狠狠地盯着刘文学，大声喝道："干什么的？"

刘文学不愿意跟这坏蛋多说话，只应了一句："走路的嘛。"然后走得更快了。

"站住。"王荣学挥动着手杖，一面叫，一面快步追上来。

刘文学站定了，他圆睁着那明亮的大黑眼睛，看着地主。

地主喘着气问："你砍坏了我几棵橘树？"

刘文学问："你说什么？"

"你这坏东西，还装蒜呢，这些天我的橘树给人弄坏了好几棵，都是你弄的吧？"

地主王荣学说着，拉住刘文学的背篼，从那里面拿出刚才捡到的那根枯柴，喝道："这就是从我橘树上砍下来的。"

刘文学生气地说："这是枯的，我刚从地上捡起来的，从树上砍的，那就该是新鲜的呀，你胡说什么。"

地主冷笑了一声说:"瞧这小杂种,人小嘴倒厉害,老子不管你这套,反正我的橘树给人弄坏过,你打这里过,就有你的事,今天我不能放过你。"

说着,地主把刘文学抓住,拉下他的背篼,解开背篼上的绳子,把刘文学的手捆了起来。

刘文学挣扎着,用脚踢地主,可是他力气太小,还是被捆住了。

地主把小刘文学推倒在地上,用竹杖打他,还得意地说:"你这个坏东西,叫你从小就知道我王二爷的厉害,看你以后还敢从我的橘林里过。"

刘文学咬着牙忍住疼,一声没哭。

王荣学走了,刘文学站起身来,用力挣脱了手上的绳子,忍着疼痛,背上了背篼,他的全身已经湿透了,好像从河里上来一样。

刘文学站在山坡上,望着地主王荣学的庄院,用最大的声音喊着:"地主坏蛋。害人精。我一辈子都记得。"

刘文学捡起一块石子,狠狠地向岩石砸去,他不是在砸石头,而是在砸那个可恶的地主。

刘文学回到家,把地主王荣学欺侮人的事告诉了妈妈,妈妈气得指着地主家大骂。

仇恨的种子

秋天到了,爸爸被释放回来了,刘文学和妈妈非常高兴。

一天,刘文学家里来了一个满脸酒刺、鼻子边上长一颗黑痣的人,刘银山一看就认出这是在合川监狱里管事的,姓钱。

"刘银山,刘银山。"这人一边喊,一边往屋里走。他不等邀请,就跨进了刘银山的家门。

这人用他那双眼睛,把这破草屋里上下四周都扫了一眼,把布包往床上一放,然后在床边坐下,似笑非笑地说:"刘银山,明人不说暗话,我今天来,就为了收你该给我的月规钱。想当初你坐了几个月的班房，我也没有十分难为你，你出来也快个把月了，我也不额外要什么体面钱，只要你把月规钱一起给我，我们当公事的，凭那点饷喝汤都不够，你是明白人，总不能让我们喝西北风吧。"

刘文学的妈妈不在家，刘银山平日为人懦弱，在牢房里吃过这姓钱的很多苦头，有时刘文学的妈妈给他带去一点零用钱，也全被他搜去了，还动不动挨打挨骂。

刘银山看到他，就像耗子见猫一般，看到他那架势，刘银山吓得几乎站不稳了，双手哆嗦着。

刘文学站在门口，看着爸爸被吓成那样，就冲着那家伙大声喊着说："我家没钱，我家不该你的钱。"

那家伙听刘文学一喝愣了，他皱着眉头说："这小东西，猫儿不叫耗子叫，倒有你的。"他一面说，一面到处乱翻一通。

屋里都是些破破烂烂不像样的东西，那家伙正失望地嘘了口气。

忽然门后的母鸡叫起来。这母鸡第一回下蛋，那家伙把门一拉开，就看见母鸡站在窝里，正在高兴地叫蛋呢。

他一把捉了母鸡，看见窝里还有一个蛋，蛋上面还沾着点儿血丝，就笑着说："倒是个头窝蛋呢。好，刘银山，今天就先把这点儿东西带去，算是折一个月的月规，下回我再来算，你可得准备点儿。"

刘文学看到那家伙抓自己那只心爱的鸡，急忙说："这是我的鸡。"说着就上前来抢鸡。

那家伙使劲向前一推，刘文学跟跟跄跄，一跤跌在地上，牙也磕出血来了。

那家伙得意地走了。刘文学在鸡窝跟前站了一会儿，捡起根鸡毛看了又看，眼里的泪水涌出来了。

妈妈回来后，见刘文学嘴上肿了，家里一点粮食也没有，就对刘银山说："去年，王荣学叫你到他家去做衣裳，没日没夜做了一个多月，累得都吐了血，他还扣着工钱不给你，这都一年多了，我们现在实在是揭不开锅了，你去把这工钱要来吧。"

刘银山低着头不作声,妈妈看到刘银山这副模样,生气地说:"你不去,我去。"刘文学也大声地说:"我也去。"

妈妈和小刘文学一起到王家去了。

王家那庄院好气派,粉墙高筑,上面砌出各种花样,当门是一座照壁,照壁上画着些吉祥如意的图案。

两扇黑漆大门,旁边墙上,左边写个"福"字,右边写个"寿"字,前面是三级石阶,进门是一色青石板铺就的大院子。

这座庄院是渠河嘴一带数一数二的好宅院。

刘文学娘俩正要上前敲门,就见一个穿一身小花紫酱色缎子夹袍,一手撩起袍角,一手提着只镂花的百灵鸟笼的人,摇摇摆摆地从门里走出来,他正是王荣学。

王荣学看到刘文学他们,大声吆喝说:"小杂种,你就是上回偷砍我家橘子树的。"

妈妈强按捺住怒气,对王荣学说:"王家二爷,你这么大人,还跟小孩子家闹。"

王荣学说:"我认得清清楚楚,他就是在我家橘林里偷砍我橘树的小杂种。"

妈妈再也忍耐不住了,冷笑一下说:"你不要血口喷人,我们人穷志不穷,我们不偷不摸,行得正,坐得稳,一根草也不要别人家的。"

王荣学盯着妈妈,半晌才说:"你这个婆娘,俐牙利齿的,我倒要问你们,你们在我家门口转来转去的,在打什么主意?"

刘文学憋了半天气,他也忍不住了,大声说:"我们来讨工钱。"

王荣学其实认识刘妈妈是刘银山的妻子,却故意装不知道,问:"什么工钱?"

"去年秋天,我家银山一秋帮你做了34天活,你一个工钱也没给,现在我们的日子实在艰难,所以来向你要工钱。"

刘妈妈提到要工钱的事,生怕事情闹僵了,所以口气又和缓点儿了。

王荣学假惺惺地说:"你们是刘银山家来要工钱的,好说。你们等着,我去拿工钱给你们。"说着转身进去了。

妈妈没料到王荣学今天这么和气，虽然有些奇怪，但还是很高兴，心想要是王荣学把工钱付清了，就可以让他们一家勉强过些日子了。

妈妈正想着，猛听见院子里一声怪叫，接着一只大灰狗扬起尾巴，狂吠一声，从大门里蹿出，向刘妈妈娘儿俩直扑过来。

刘文学的腿被狗咬了一口，妈妈又急又气，捡起块石头往狗身上砸去。

妈妈见刘文学腿上已经被恶狗咬破了，鲜血直流，她咬着牙，抱起孩子走上石阶，准备进院子去跟王荣学拼命。

可是，她还没走近大门，那扇黑漆大门就关上了，里面传出来一阵怪笑声。

任妈妈怎么哭骂叫喊，这扇大门都紧紧地关着。

牢记党的恩情

1949年的冬天，乌云消散，太阳出来了，共产党解放了穷苦人民，反动派被打倒了。合川人民欢欣鼓舞，庆祝自己的解放。

刘文学当时还小，不太懂得解放的意思，只觉得自从来了解放军，自从嘉陵江的船上飘起了一面红旗，这世界就完全变了一样。

有一天傍晚，妈妈干了一天的活，正坐在屋里休息。

自从解放了，爸爸就开始继续给人缝衣服，不过不是那财主，是一些新的主顾。

爸爸也歇了工，正在抽着烟，刘文学在门前

跟别人家的小孩玩着。

这时，就看见一个庄稼人的影儿一晃，来到他家门口，刘文学以为是人家来取衣服的，也没注意。

突然就听那来人叫了一声："刘三哥在家吗？"

声音很熟，刘银山迎着出来说："谁呀？"

那人又急忙说："是我，我来还你钱。"

刘文学觉得这个人奇怪，也忙着进屋去。

灯光下，就见那人穿一件打补丁的蓝布夹袄，头上包一个油腻腻的灰布破头巾，脸色焦黄，烟容满面，他不是别人，正是地主王荣学。

妈妈冷冷地说："我们是井水河水流不到一块，你到这儿来干什么？"

王荣学满脸堆笑，点头哈腰地说："三嫂，我给三哥还一笔账，就是前年秋天，我请三哥做了几件衣服，那时手头紧，把工钱拖到现在，我心里一直不安。我想，三哥家道也艰难，所以把钱凑齐了，特地给你们送来。"

王荣学说着，从怀里掏出一沓钱，放在桌

上。

原来王荣学听到一些传闻,说有的地方已经在搞土改,地主们的土地财产都给没收了,他非常恐慌。

王荣学心想:房屋土地搬不动,藏不住,没法可想,倒是还有些金银细软,总该找个地方埋藏起来。

他想在屋里挖个坑藏起来,又怕万一以后扫地出门,那就再也没法挖出来。

他又想藏在外边,又怕被别人挖去。

他左思右想,想出了个诡计,想起刘银山这人老实可欺,不如去打他的主意,就咬了咬牙,决定先下点儿本,然后把刘银山拉住,帮他打埋伏,分散财物。

王荣学装出亲热的样子,低声说:"三哥,你快收下,我们是表亲,都是自家人嘛,少不得要彼此照应。

"如今虽说是解放了,我知道你日子仍然过得还很紧,现在是寒冬腊月,这些年世道不太平,连天气也要比往年冷,看孩子冻得那样,我怎么能看着自家人受罪，不出力帮衬些。

"这里一共是35块银洋，前年秋你给我帮了34天工，我多算些，给你整数20元，余下的是我给你和三嫂还有娃儿添件把棉衣的，快收下吧。"

刘银山一生软弱，又少主意，听了这些花言巧语，把王荣学当好人，感激得很。他正想伸手去拿，就听到霹雳似的一声，说："别动。"

妈妈对王荣学冷笑说："我们银山是个好人，不像你那样肚里歪点子多，你是黄鼠狼给鸡拜年，不安好心，有我在这里，你别来这一套。"

王荣学心里乱跳，直冒冷汗，可他竭力装出委屈的样子，低声下气地辩解说："三嫂，我一片好意，怎么能让他上当呢？"

妈妈厉声说："谁是你三嫂，你快把那肮脏钱拿走，你欠我家的工钱总有一天要算清的。现在不是你王家的天下，我们有人民政府，不明不白的钱，半个也不要。"

王荣学赔着笑脸，还想说话，妈妈把桌上的

银元往地下一推，银元满地乱滚。

王荣学慌忙趴在地上，好不容易才把银元捡起来了，狼狈不堪地跑了。

刘文学看到妈妈这一情景，高兴地靠在妈妈怀里说："妈，你真棒。"

刘银山说："人家还工钱嘛，还不要。"

妈妈说："你个糊涂虫。他王荣学是什么人，为什么他早不还，迟不还，偏在这时来还？还要多给你，还要跟你认亲戚。他是有情有义的人吗？去年冬天我们去要工钱，他放狗咬我们，这些都为什么？你想想。"

刘文学也在一旁说："王荣学就是个大坏蛋。"

王荣学和那些地主们胆战心惊的那一天终究到来了。

1951年，毛主席派来的土改工作队来到渠嘉乡，院坝上黑压压聚集了好几百农民，他们在那里开大会斗争地主。

王荣学和其他几个地主都被群众批斗了，那些祖祖辈辈受尽剥削和压迫的农民，声泪俱下地在台上控诉。

妈妈也上了台，她不但控诉了王荣学怎样贩鸦片，陷害刘银山，怎样扣压缝衣的工资，怎样诬赖偷柴，捆绑儿子，还揭发了王荣学企图分散财产，隐瞒财产的阴谋。

妈妈说到王荣学放狗咬人的时候，把刘文学抱上台来，卷起他的裤脚，指着他腿上的伤疤给大家看。

刘文学也觉得满腔怒火，可是，他还不会控诉，只把他的小手指着地主，咬牙切齿地说："地主黑心肠。坏蛋。比恶狗还要坏。"

台下的群众都齐声高呼："打倒地主。""中国共产党万岁。""毛主席万岁。"

王荣学知道大势已去，被迫坦白了过去的罪恶。

政府按照坦白从宽的政策，把他交给群众管制，宣布王家的土地、房屋和橘子园都没收，分给农民。

土地改革胜利结束了，刘文学家里也分到了土地、房屋，他们离开住了多年的破草屋，搬进了他们的新家。

这新家就在地主王荣学家的那座大庄院里。

刘文学家分到了内外两间套屋,是地主做书房用的,现在里面放着刘文学家分到的胜利果实。

刘文学永远不会忘记,搬家的那天,妈妈站在石阶上,痴痴地看着那两扇黑漆大门,眼里不由得滴下泪来。

就是在这里,她和儿子刘文学,受那地主的欺负。

如今,时隔一年半,共产党来了,地主打倒了,穷人们都翻了身,她怎么也没想到,像她们这样的穷人,竟能住到这样的宅院里。

这院里住的全是些贫雇农,刘文学家的老邻居李小贵家也搬到这里。

一天,刘文学和小贵到大门口,刘文学指着墙说:"地主王荣学就是在这地方放狗咬我的,我不怕地主,也不怕狗,早知道他放狗咬我们,我就拿棍子非得打死它不可。"

小贵说:"要是地主来向我们要房子怎么

办？"

刘文学说："他敢，现在有共产党，工作组的同志不是常常说吗，地主要是不老实，就得好好整他，他要是敢跨进这门，我就用石子砸断他的脚。"

小贵说："共产党真好呀。"

刘文学显出自己比小贵懂得更多的神气说："可不是嘛，共产党都是好人，等我长大了，就要去当共产党。"

说着，刘文学突然想起要帮妈妈收拾东西，他兴冲冲地跟妈妈挪这动那，一起布置屋子，搁好床板，放好桌凳，又把毛主席的像挂在墙壁中央。

一家人左看右看，看了半天，觉得挂得非常稳当了，这才满意地休息了。

可是妈妈却睡不着，刘文学在身边说："妈妈，我也睡不着。"

刘文学说："我高兴呀。"

妈妈搂住儿子，欢喜地说："你知道吗，是谁帮我们翻了身？"

刘文学响亮地说："知道，是毛主席，是共产党。"

妈妈说："是的，我们一辈子也不能忘了毛主席和共产党的恩情。你可要记住呀。"

刘文学说："妈妈，我一定牢牢地记住。"

顽皮的学生

1954年，刘文学九岁了，妈妈最大的心事，就是要送他去上学，这样的事情，从前她是连想也不敢想的。解放了，家里的日子一天比一天好。

这年9月，妈妈送刘文学去上学，她还特意给儿子买了个小书包和笔墨等用具，还让爸爸给他缝了一套蓝布学生服。

开学的那天，妈妈亲自把刘文学送进渠河嘴的双江小学，郑重其事地叮嘱他要用心读书，听老师的话。

这个学校原先是座庙宇，这地方解放前也办

过一所"保国民小学",念书的是地主和富农家的孩子,解放后这小学就停办了。

现在乡人民政府决定,在这里开办这所村校,这是第一学期,只有两班新生,都是一年级。

刘文学觉得,现在这天地更大了,生活更丰富了,比起以前待在家里,有趣得多。

刘文学是妈妈的一个好帮手,他体贴妈妈,很少让妈妈生气。

刘文学很爱玩,跟小朋友们在一起的时候,最能出点子玩些新鲜花样。他胆子又大,爬树、游泳的本领都比跟他一般年龄的伙伴高强,所以他到学校不久,小伙伴们就都知道他了。

妈妈跟刘文学讲要用心读书,学一点本领。

爸爸也说过,好好念书,以后有了本领,就可以做个有志气的孩子。

老师教导他要好好学习,将来学好本领,就可以为人民服务,参加祖国的社会主义建设。

刘文学的班主任汪老师,从开学的第一天起,就注意到这个小学生,她看到这个身材瘦小、大眼睛、圆下巴的孩子，并不像农村的孩子们，第一天到陌生的环境里显得有些局促不安或者呆滞的样子，他却是完全相反。

学校准备举行开学式，这时老师发现一个孩子爬到院里的树上，像猴子一样，从这棵树攀到那棵树上，好些小孩站在树下，仰着脖子看着，又叫又笑。

老师怕出事，急忙跑到树下，叫孩子慢慢爬下树来。这孩子看见老师来了，纵身就跳了下来，吓得老师心里乱跳，可这孩子却像没事人儿似的，站起来就往孩子堆里跑。

老师叫住他，问了名字，才知道他叫刘文学。第一天，老师就记住了刘文学的名字。

这件事，跟后来发生的惊险事儿比起来，算不得什么。

一次下课了，老师竟发现刘文学又爬到河边的树上。这棵树大约有两个大人双手合抱那么粗，树身向外，下面是悬崖的河滩。

刘文学骑在树枝上，一手剥橘子，一手把橘子扔给河岸上的同学，要他们接住。老师一见，吓得胆战心惊的，又不敢大喊，怕刘文学受惊。

下面是三四丈高的悬崖石滩，老师好不容易定了定神，叫个小朋友通知刘文学，说老师在找他，刘文学这才从树上下来。

这事发生以后，老师特别注意这个好动的、爱冒险的孩子了。

11月，渠嘉乡满山的橘树上，红橙橙香喷喷的橘子正在被采摘，双江小学的孩子们，一有空就到这儿来看热闹。

一天上课的时候，孩子们正整队进教室，老师却发现队伍里少了刘文学等五个孩子。老师心里着急了，这时一个女孩子说，刚才她来校时，在河坡那儿看见刘文学他们往柑橘树那边儿去了。

老师一听，怕他们在那儿出事，急忙赶到那儿，就见四五个孩子在人堆里围着那一箩箩、一箱箱的橘子打转。

原来，这五个孩子想到河滩帮忙，可是人家嫌他们碍手碍脚的，就把他们撵走了，于是他们就蹿来蹿去地看热闹。由于看得高兴，没听见学校的钟声，也忘了上课的事儿。

这时他们听见老师的喊声，知道不好了，老师来了。

刘文学一看老师在叫他们，他人小点子多，他说："不要紧，我们装作没听见。"说着，就往大人背后躲。

可是，李小贵他们不敢这样办，都从河坡上爬上来了。

老师见孩子们都上坡来了，独有刘文学还留在下面，不放心，就下坡去叫刘文学。

刘文学躲在人背后偷看着，他觉得老师平日对人和气，又不打，又不骂，年纪又轻，就像大姐姐一样，所以一点也不怕她。

刘文学见老师来找他，觉得这样特别好玩，他在人堆里东躲西闪，最后看看躲不住，就干脆拔脚在河滩上跑。

他跑到一块岩石旁边，这岩石大半块伸在渠河的滚滚河水里，约有一人多高。

刘文学看老师走近了，就爬上了这块岩石，站在上面。

老师心里又是着急,又是气恼,她担心刘文学万一掉进渠河里怎么得了。

"刘文学,你快下来吧。都上课了。"老师温和地说着,怕吓了他,不敢下来。

可是,刘文学还是站在那岩石上,不肯下来。

老师急了,只好自己爬上岩石,想把这小孩子抱下来。

可她哪有这套本领?脚下一滑就摔倒在河滩上,脚踝骨上的皮擦破了。

刘文学一看闯了祸,马上从岩石上溜下来,急忙跑到老师跟前,去扶老师。

老师揉了揉脚,皱着眉头,只说了声:"快上学去吧。"

老师一面走,一面想:对这个淘气的孩子,应该怎么办呢?应该怎样帮助这个孩子,让他既明白这样是不好的,又不使他感觉到老师是严厉的,是冷酷的,不可亲近的?

老师想着,想着……

两个人都不说话。走着走着,刘文学忍不住

回过头来，看了老师一眼。他看到老师喘着气，脸通红，两只水亮的眼睛，跟刘文学的大眼睛正好对到一起。

刘文学慌忙转过头，老师却叫住了他。她在孩子的眼梢发现一块血痕，她拿出自己的白手帕，把孩子眼梢上渗出的一点点血迹轻轻擦掉，温和地问："还痛不痛？"

刘文学摇了摇头，他根本不觉得痛，老师这么一问，他才觉得眼梢上有一刺一刺的感觉。

老师拉着刘文学的手，说："不能那样乱跑啊。要是摔在石头上，那就会把你摔坏了，你妈不知会多着急呀。"

刘文学听着老师亲切的声音，觉得心里有一种说不出的滋味，他感觉到老师对他的关切，可是这跟妈妈对自己的爱又不一样，他从心里对老师有种新的感情，体会到老师对自己的关心体贴。

老师不打他，也不骂他，但是刘文学感到老师的每一句话，都使自己心里受到责备，他为自己的行为感到羞愧。

老师没再说什么，他们一起回到学校。

教室里静悄悄的，孩子们已经坐好了，心却七上八下地乱跳，不知道会发生什么事情。

老师叫刘文学在自己的座位上坐下，随后平静地跟大家说："今天，我们班上出了点意外的事情，耽误了大家上课的时间，这样的事情以后不能再发生了，现在我们马上来上课，请小朋友们把书翻到第十五页……"

刘文学看着书本，他感到过去的朗读，从来没有给自己留下这么深的印象，每一字，每一句，都是那么有劲，好像烙在自己心上一样，听上一遍，就把意思都记住了。

老师再也不提刚才发生的事情，放学后，老师叫刘文学等一等，有话要跟他说。

老师把刘文学叫到身旁，问："刘文学，上课了为什么你们还在柑橘站那儿玩呢？"

刘文学委屈似的说："我们不是只玩，我们也帮他们干活来着。"

老师又问："那谁让你们去帮忙的呢？"

刘文学毫不迟疑地回答说："我。"

老师问："为什么呢？"

刘文学稍稍犹豫了一下，看着老师的脸说："你不是说过吗？应该常常想到去帮助别人……"

老师的脸上露出掩盖不住的笑容，她记起，给孩子们讲过一个故事，这个故事里的英雄，是一个随时随地都关心别人、帮助别人的孩子。他为了帮助别人，做了许多使别人感动的事情，她要孩子们也像那个小英雄一样。

"要帮助别人是好的，可是，要看人家有没有困难，人家需要不需要帮助。再说，你知道这时候上课了吗？"老师说。

"我们没听见上课钟。"刘文学说。

"那我来叫你，你又为什么乱跑乱奔呢？"

刘文学的脸红了，他绞着手指，轻声说："我跟你闹着玩。"

老师这时忍不住笑出声来了，她把刘文学拉到身边，拍着他的肩说："你要跟我玩？好呀。下回，找哪个星期天，我专门来找你和别的小朋友一起玩，咱们玩个痛快。"

老师停了一下，又说："今天早上不是玩儿的时间，是上课的时间，你看到吗，为了你一个人，同学们等了大半节课的时间。"

刘文学惭愧地点了点头。

老师看着眼前又淘气又可爱的孩子，心里很喜欢。她想，如果能很好地关心他，帮助他，他会进步得更快。如果能把他旺盛的精力和大胆勇敢，引导到正确的方向，他会慢慢变成一个很好的小活动家。

妈妈独自在家，做好晚饭，等刘文学回来，刘文学以前每天回到家，都帮妈妈做点零星小活，可今天，天已快黑了还不见刘文学回来，妈妈心里有点儿着急，就忙去小贵家问。

小贵知道刘文学被老师留住，他就说老师找刘文学说话。

刘妈妈又问老师找刘文学谈什么，小贵没法回答，只好支支吾吾地说不知道。

刘妈妈更加疑惑，就走到村头，正好遇见一个女生，妈妈就问她知道不知道老师为什么留下刘文学。

这个女生就把自己听到的事告诉了刘文学的妈妈。

妈妈听了，吃了一惊，还没听完就已经气得说不出话来了。她转身就往村外走，要到学校里去找刘文学。

没走多远，就看见了刘文学。

刘文学远远就看见自己的妈妈，叫一声："妈妈，你干吗去呀？"

妈妈恨恨地说："你这个不长进的。"刘文学想告诉妈妈：老师对他多么亲，多么好，可是才说出："妈妈，老师……"妈妈已经走到他身边了，劈头劈脑把他打了几下。

刘文学委屈地哭了，他向家里飞跑去，妈妈随后追着，一面骂，一面气得几乎要哭出来。

妈妈非常生气，她所疼爱的孩子"不争气"。

她是个贫苦的农村妇女，尝够了没有文化的苦，一心盼望儿子能够好好读书，多学些知识，现在却发现这孩子不成器，这怎不伤了她的心？盛怒之下，就禁不住把宝贝儿子痛打一顿。

妈妈看见孩子脸上有些肿,知道自己打重了,她又是生气又是心疼,忍不住哭了起来。

刘文学看到自己惹妈妈发那么大的脾气,他感到很难受,看见妈妈哭了,他哭得就更厉害了。

妈妈开始语重心长地开导刘文学,重又讲起,在旧社会,他们一家人受的剥削和压榨,过苦难的日子的经历。

妈妈说:"你爸爸被冤枉入狱,你妹妹病死,你小小年纪被地主家狗咬,都是地主反动派害的。这些你还记得吧?"

刘文学哭着说:"我记得,妈妈,我一辈子不会忘记。"

妈妈又安慰刘文学说:"孩子,不要哭,一定要记住咱们受的苦,妈妈送你去上学,就是希望你读了书,心里更明亮,好人坏人分得更清楚,从小学好,长大了才可以做好人,干好事。"

妈妈停了停又说:"现在咱穷人家的苦孩子也能上学了,这都是托共产党、毛主席的福。你要听党和毛主席他老人家的话，好好学习。"

　　刘文学坚定地说："妈妈，我知道了，我以后一定好好学习了。"

　　妈妈听了，嘴角露出一丝笑容。

人小志大

从此，刘文学开始认真学习，不迟到，不缺课，上课认真听讲，按时完成作业，他对学校的感情愈加深厚，老师成了他生活中最亲近的人。

一天休息，刘文学在家里砍柴，他忽然想起一件事，跟妈妈说："妈妈，我们老师天天自己做饭，我想给她捡点柴送去。"

妈妈听了很高兴，也鼓励刘文学说："老师那么忙还得自己做饭，你现在就把家里的柴，挑干的给她送去，以后看到老师忙，能做的就帮她做点儿，对老师就该这样。"

刘文学听妈妈这么一说，就兴冲冲地背了干

柴到学校去。

刚出门就看到了小贵，小贵听刘文学说要给老师送柴去，就说："我也去，我家里也有柴，是我拾的。"

刘文学说："今天你不用送了，咱们俩轮着来，老师的柴就够烧了。"

小贵说："好吧，那我和你一起去。"

刘文学和小贵高高兴兴地来到学校，刘文学跟老师说，这些柴是送给老师做饭用的，老师不肯要，刘文学就把柴全倒在厨房里。

他们两个又问老师，有什么事可以让他们做，老师说没事。

他们见桌上、地上打扫得干干净净，找不到可以做的事情。

这时候，刘文学在老师的桌子上发现几本新书，他随手翻看一下，很快就被吸引住了。

老师见了，就挑了两本给他们，说："这是新买的，你们先拿两本回去看，看完了再来换。"

刘文学高兴极了，拿起书就和小贵回家去

了。

刘文学和小贵两人在回家的路上，一边走，一边看书。

这两本是连环画，讲的都是志愿军的故事：一本是写英雄黄继光的事迹的，一本是写英雄邱少云的事迹的。

这两个故事老师都讲过。

小贵翻了一会儿，很快就看完了，刘文学仔细地看着，他最喜欢看战斗故事，对志愿军英雄黄继光，他特别崇拜。

刘文学一路走，一路看，看得着了迷，一不小心掉到田里。

冬天田里都灌了水的，幸好他打着赤脚，只是裤脚湿透了。

刘文学爬出水田，腿上冷冰冰的，他也不顾，又边走边看起书来。

小贵提醒刘文学说："小心别再掉到田里去。"

刘文学说："掉进去也不怕，志愿军什么都不怕。"

刘文学想想又说:"我长大了就当志愿军,杀美国鬼子。"

小贵说:"可老师讲,美国鬼子在朝鲜已经打败了。"

刘文学说:"我就当解放军,打倒敌人,打到台湾去。"

他们俩边说边跑,还边喊着:"冲……啊!同志们,冲啊!"

两个孩子一面冲,一面还捡起泥块来扔手榴弹,嘴里发出机关枪声和手榴弹爆炸的声音,紧张地追击着那看不见的"敌人"。

忽然,刘文学停下来,指着前面走过来的两个人,对小贵说:"真正的坏人来了。"

走来的这两个人,都是村上的地主管制分子,一个是姓李的,还有一个就是王荣学。

他们俩在参加劳动,两人抬着一块不大的石头,往码头那儿走去。

刘文学看那两个地主趔趄着脚步,摇摇晃晃、东倒西歪地喘着粗气。

他俩看见刘文学他们,装模作样地老远就嚷

着:"小孩子,让开。让开。"

刘文学站在路边说:"你嚷嚷什么。不是早让开了吗?才抬这么小一块石头,孩子也抬得起,还大呼小叫的。"

王荣学认出刘文学,两只阴险的眼珠一转,笑着说:"我是好心,怕撞着你们。"

刘文学呸一下说:"谁稀罕你的好心。"

王荣学他俩抬着石头,走到看不见刘文学的地方,就把石头放下,坐下来休息。

王荣学唉了一声说:"这小杂种,也敢说我们。"

那姓李的地主也摇摇头,说:"没办法呀,美国人在朝鲜都打了败仗,共产党的势头更大了,我们这辈子是完了。"

王荣学咬牙切齿地说:"我可不甘心,只要我姓王的还活着,有朝一日总得出这口恶气。"说着捡起一块土,狠狠地扔去。

王荣学他俩听见脚步声,急忙抬起石块,装出很卖力的样子,往码头走去了。

遇见王荣学,刘文学心想:"他们总归是地

主。以前他们压迫穷人,他们做的坏事我一辈子也忘不了,别看他们现在装着老实样儿,对坏人一定要小心。

刘文学

妈妈的教诲

1955年，刘文学十岁了，爸爸刘银山，这个在旧社会饱受折磨，体弱多病的手艺人，得了一场重病，久治不愈去世了。

为了给爸爸治病，妈妈已欠了一笔债，现在爸爸不在了，家里的生活全靠妈妈了。妈妈虽然勤劳能干，但是因背上了债，日子越过越困难了。

妈妈左思右想，最后只好一狠心，对儿子刘文学说："孩子啊，自从你爸爸死后，我们的日子变得不好过了，妈妈一个人，实在顾不过来，想让你在家里干点活，你才十岁，也不算大，等以后我们喘过气来，妈妈再让你上学去。"

妈妈说完，难过地流下眼泪。

刘文学虽然非常想上学，可是看到妈妈这样难过，就说："妈妈，你不要难过。爸爸死了，有我。我都快变成大人了，我在家里干活养你。"

刘文学休学了，老师知道后，安慰刘文学说："只要自己努力，不上学也能学到许多东西。在家里要好好学习劳动本领，将来做个生产能手，有时间到学校来，要看书老师借给你。"

刘文学在家里，不但学着干庄稼活，而且还跟别人学着搞副业生产，他心灵手巧，办法多，又肯钻研，编草帽，扎扫帚，摸鱼，捉鸟，打柴割草，养鸡喂鸭，缝缝补补，样样都会，人们都夸他能干。

刘文学虽然离开了学校，可心里经常惦记着老师和同学们，他有时间就到学校去，还向老师借书看。

刘文学又请小贵教他读书，他人又聪明，又肯学习，《语文》第三册，刘文学几乎和小贵学得差不多一样好。

　　这年，刘文学的家乡开始搞合作化，成立了初级社，刘文学家也兴高采烈地入了社，可他家土地少，股金小，生活仍然不富裕，刘文学还得在家帮妈妈干活，他上山砍柴，编织草帽，赶场去卖。

　　一天，刘文学跟妈妈一起去集市，把自己编的草帽送到收购的商店去卖，由于商店人多，刘文学和妈妈拿了货款就走出来，到了街上，妈妈不放心，把钱数了又数。

　　妈妈忽然惊叫："错了。错了。"

　　刘文学问："少给我们钱啦？"

　　妈妈说："不是少给我们钱，是多给啦。多给了一元钱。"

　　刘文学说："多了一元钱？妈妈，那就给我买几本书看吧。"

　　妈妈严厉地说："你说什么？"

　　刘文学看看妈妈的脸色，觉得不对劲，他以为妈妈要责备他胡乱花钱呢，就喃喃地说："不买也行。"

妈妈再没说话，她转身就往商店走，刘文学跟在后边。

妈妈挤到那营业员面前，把手里的钱和票放在柜上，说："同志，你把钱算错了。你多给了我一元钱。"

营业员听说多给了货款，又仔细算了一遍，满脸通红地说："是的，是我算错了，多给了你一元钱。谢谢你。"

妈妈笑笑说："不用谢，下回小心点儿就是了。"

妈妈拿着货款出来，刘文学跟在妈妈身后。

妈妈走到街边停下，对刘文学说："孩子，我们穷人是有志气的。做人要清清白白，不该要的钱我们一文也不要，不该拿的东西我们一件也不拿。我们穷人要知好歹，识黑白，共产党救了我们一家，草帽是公家收购的，多给了我们一元钱，公家就赔了一元钱，你一定要记住，我们什么时候也不能让公家受损失。"

刘文学想到自己要用这一元钱买书的事情，难过地低声说："妈妈，我错了。"

妈妈温和地说:"好孩子,知道错了就好。以后要记住妈说的话。"

妈妈拉着刘文学的手,说:"走吧,咱们去书店。"

在回家的路上,刘文学想着刚才发生的事情,妈妈说的每一句话,刘文学都记在心上。

妈妈用行动,给刘文学上了一课,这课是深刻的,是他永远不能忘记的。

中国梦

保护公家财产

深秋的十月,满山的橘树上,挂满了橘子。在渠河码头上,季节性的柑橘站,工作又活跃起来了,厂棚里人们忙碌着,有的在抬木板,有的在锯木板,有的在那儿钉木箱,一个个用来装橘子的木箱架得高高的,他们在为摘橘子做着准备。

河滩上到处是木片、木花、木屑,一阵阵杉木的香味在河滩上飘着。

刘文学和没有上学的孩子在这里工作,他们把好的小木板捡起来,抬到厂棚里去。

刘文学是第一次参加这种季节性的工作,每

工作一天，可以得到八九角钱，刘文学把得到的钱，一个不留全交给妈妈。

一天下午，刘文学和孩子们照例一起捡着木板。这时候，有三个孩子走过来，他们捡那些碎裂的小木板和木片，放到自己的背篼里去。

这三个孩子里，有两个是刘文学认识的，一个是他念书时的同班同学生福，还有一个是邱喜。

刘文学招呼说："生福，你们到这儿来干什么？"

生福说："捡些木柴回去。"

刘文学急忙走到他们面前说："捡木柴，到山上去捡，这里不能捡。"

生福不在乎地说："我们都爱在这儿捡，捡点儿怕什么。"

邱喜插嘴说："这里捡又快又干净，你放心，我们不会把它捡光的。"

刘文学听了又好气又好笑，说："这是柑橘站的呀。"

生福说："柑橘站的有什么关系？都是碎

的，我们捡点儿就走。"

刘文学踌躇了一下，可是马上又想起妈妈做的事和说的话，心想：我不能让公家的东西受损失，要像妈妈那样保护公家的利益。

想到这里，刘文学说："柑橘站的东西是公家的呀。公家的东西不能随便拿。"

邱喜脾气不好，说话不饶人，他冷冷地说："公家的又不是你家的，要你管什么。"

刘文学生气了，说："公家的就是大家的，我就是要管。不准你们捡。"

刘文学说着，就动手来拉邱喜的背篼，一把拉下来，把背篼里的木板、木片什么的，全倒了出来。

邱喜也生气了，把刘文学猛一推，刘文学没防着，后退了几步才站住。

刘文学大怒，猛扑过去，一把扭住邱喜，喊着："你敢打人。我拉你到你老师那儿去。"

邱喜也嚷着说："我不去，看你怎样。"一面说，一面乱扭乱扯刘文学。

两个孩子扭作一团，别的孩子在一旁乱嚷。

正闹着，一个大人的声音："……打得好。我看，邱喜打不过刘文学。"

刘文学听出是地主王荣学的声音，他背着个背篼，站在一旁看热闹，故意煽风点火。

在王荣学撺掇下，邱喜更用力厮打着刘文学，刘文学猛地把邱喜推开，说："我不跟你打。"

刘文学冲到王荣学面前，圆睁大眼，喝道："臭地主，要你来管。"随后捡起一块土，往王荣学脸上砸去。

刘文学边砸边大声说："你要再敢乱说乱动，就叫你好看。"说着又捡起一块土。

王荣学急忙抱着脑袋，灰溜溜地夹着尾巴走了。

刘文学见邱喜蹲在地上，又把木片捡回背篼里，他气呼呼地说："你还要捡？"

邱喜虎着脸说："老子今天就是要捡。你要不服，再打一架看看。"说着，又摆出了要打架的姿势。

刘文学压住胸头的火，说："我不打。我不

上地主的当。地主要看我们打架，我就偏不打。可是你想拿走公家的木柴那也不成。你要不放下，我就去报告。"

这时，从木棚里走出来一个人，身材高大，穿着一套略微褪色的军服，一双闪亮的眼睛，他跑下坡来说："小鬼，你们干什么在这里乱嚷乱吵？"

刘文学不认识这位军人叔叔，听到问，他就气呼呼地说："他们要把公家的木片捡走，我不让，他还要打我。"

那叔叔一听笑了，他摸摸刘文学的头说："小鬼，这事你管得对。"

接着，那叔叔又走到邱喜、生福他们面前，拍着邱喜的肩膀，说："小鬼，这事你们错了。你们都是在学校里念书的，老师不是经常教你们要爱护公共财物吗？这柑橘站是国家办的，也就是我们大家的。这里的一切东西都是属于国家的，我们人人都应该爱护它。把公共的东西拿回家去，就是损害国家的利益，集体的利益，那是不好的。你们明白吗？"

邱喜低着脑袋，红着脸，不说话。

生福抱怨说："我刚才说来着，不要捡了，不要捡了，大家不肯听。"

那另一个孩子，年纪更小些，大约八九岁，在一旁解释说："我妈说这儿捡的柴又多又好烧，叔叔，下回我不捡了。"

那叔叔笑起来了，说："好。大家记住要爱护公家的东西，要捡柴，到山上捡去。"

那叔叔又亲切地问刘文学："你叫什么名字？"

刘文学回答说："刘文学。"

那位叔叔快乐地说："跟我一个姓，你该叫我哥哥。"

刘文学说："不。我叫你叔叔。你是解放军，我就该叫你叔叔。"

刘叔叔笑起来，他说："以前是志愿军，现在不是了，你爱叫什么就叫什么，我就把你当小兄弟了。"

身边的英雄

这刘叔叔是一位转业军人,曾经参加过抗美援朝,孩子们很快就跟刘叔叔成了好朋友。

刘叔叔爱玩儿,跟孩子们在一起,一点儿架子也没有,孩子们个个都喜欢他,刘文学尤其爱跟他亲近。

刘叔叔经常给孩子们讲志愿军在朝鲜打美国鬼子的故事,他讲过志愿军怎样打坑道战,讲过志愿军怎样在冰天雪地里艰苦地和敌人斗争,讲过志愿军跟朝鲜人民和朝鲜人民军的战斗友谊,讲过志愿军怎样抓俘虏,美国鬼子怎样偷生怕死,也讲过一些有名的英雄们的故事。

刘文学最爱听刘叔叔讲上甘岭的战斗故事，还有罗盛教从冰窟窿里救起朝鲜孩子的故事。当听到黄继光和罗盛教牺牲的时候，刘文学禁不住眼里闪着泪花。

站上休息，刘文学和另外两个小朋友跟刘叔叔约好，到薄刀岭上去玩。大家上了山，站到山顶往山下看，刘叔叔看着竹林掩映着的村庄，看着银链似的江水，看着阡陌交错的水田和绿茵茵的麦地，看着周围的群山和峻峰，他深深地呼吸了口气，赞叹地说："渠嘉乡可真美啊！"

刘文学忽然看见草里有一个东西，他捡起来一看，是一个小包，外面用干干净净的白布包着，打开一层，里面还包着一层，最后才看到一个金光闪闪的东西，像个徽章，却比一般徽章大得多，用一节链子连在一个漂亮的短杠上面。

"这是谁的？"刘文学问。

刘叔叔一看，急忙拿过去说："这是我的，幸亏给你捡到，谢谢你。"

"这是什么徽章呀，刘叔叔？它多好看。"

刘叔叔笑笑说："这是勋章。是朝鲜民主主

义人民共和国政府颁发的。"

刘文学一下想起来，以前听叔叔讲过有些志愿军英雄因为立了战功，被朝鲜政府授予勋章的故事，他高兴地喊起来："刘叔叔，你立过功呀！干吗你不把勋章挂在胸前呢？"

刘叔叔笑笑说："又没什么事，平时挂上它干什么，我不愿意让别人知道这些事情。"

刘文学拉着刘叔叔的手说："我们知道了，你就给我们讲你的故事吧。"

刘叔叔为难地说："又没立什么大功，有什么好讲的？"

拗不过孩子们的恳切要求，刘叔叔只好简单地、轻描淡写地讲了自己的故事。

刘叔叔家是贫农，爸爸因为得罪了地主，给地主抓去充壮丁，从此杳无音信。妈妈受地主欺侮，上吊死了，他成了一个孤儿流落街头，是解放军救了他。

18岁，刘叔叔参加了解放军，抗美援朝开始后，他要求到朝鲜去打美国鬼子。在朝鲜战场上他曾经打死打伤了一百多个鬼子，还活捉了三十多个俘虏。

在一次战斗中，他胸部受了重伤，可是他坚持不下火线，又打死了五个鬼子，直到后来昏迷不醒了，等醒来时已经在医院里了。他的三根肋骨断了，一片肺叶也给打坏了，不能再在部队里工作，所以出院不久，就回国休养，身体康复以后，就在地方工作，这枚勋章就是在他回国的时候得的。

"刘叔叔，以前你干吗一点也不讲你自己的故事呢？人家知道了也没关系呀。"刘文学不解地问。

"这没有什么值得讲的，党救了我，培养了我，教我懂得许多道理，一个人应该做对革命有利的事，做对人民有利的事，不能做只对自己有利的事，我为党才做了这么一点事，怎么能到处夸耀自己呢？"刘叔叔说着，谦逊地微笑着。

刘叔叔的话，一句句打在了刘文学的心上，这个像自己的哥哥那样年轻的叔叔，坐在他身旁，刘文学感觉到自己能这么亲近地依傍着一个值得敬仰、值得信赖的英雄，真是自己最大的幸福。

10月底，紧张的准备工作结束了，做好的空木箱堆放在厂棚里，橘子开摘了，人们开始了紧张的包装工作。

车间里虽然人多，但是人们都很安静，只听见木箱移动的声音和脚步声，人们都在专心致志地工作。

刘文学正和一个孩子推一箩橘子，忽然听到有人在笑，原来是一个叫五松的把橘皮贴在脸上，又把橘络放在嘴唇上，耸着个肩膀，做着怪脸，在装白发老人，逗人家笑。

刘文学看了五松那怪模样，觉得这样闹不好，半正经又半开玩笑地说："别闹了。"

五松正想着出个什么主意玩玩，就捡起个橘子向刘文学扔去。

刘文学一躲，橘子正打在一个姑娘脸上，姑娘突然觉得脸上被冰冷的东西打了一下，吓得叫了一声，手一松，一箱橘子跌翻在地。

姑娘就骂起来，有的人笑着，有的人皱着眉头。

这时，刘叔叔走过来，阴沉着脸，严厉地说："好好工作、不许胡闹。"

刘叔叔又觉得自己说话的口气太严厉了，怕伤了孩子们的心，很快又缓和下来说："现在要认真工作，还不能玩。一会儿就要休息了，休息的时候，大家可以到外面好好玩。"

刘叔叔走了，孩子们忙自己的工作，车间里又恢复了平静。

刘文学的心里很不平静，他觉得自己做了让刘叔叔生气的事，很难过。

休息时间到了，人们说说笑笑走出了厂棚，刘文学也走出来，他一个人坐在橘树下的石礅上，沉思着。

刘叔叔走过来，问怎么一个人坐着。

刘文学说："我心里不痛快，刘叔叔，刚才我们闹，让你生了气，以后我再不这样了。"

刘叔叔又是高兴又是惊奇地看着刘文学，拍着刘文学的肩膀说："我刚才生气不仅是因为你们爱闹，更主要的是，你们拿橘子当武器来玩。你知道社员们种橘子花了多少心血，我们怎么能随便乱扔呢？这些橘子都是国家收购来的，虽说你们扔的不过是不值什么钱的小橘子，可我们也不能随便糟蹋啊。要是每人都扔几个，那我们会扔掉多少个橘子？"

刘叔叔停了停又说："你上次坚决不让人家捡走站上的木柴，这做得很好。可是关心国家的和人民的利益，是什么时候、什么地方都该这样的。要别人爱护公共财物，自己却不爱护，这能算是真正的爱护公共财物吗？"

刘文学使劲地点着头。刘叔叔站起来说："好了，我们去玩吧。"

第二天，刘文学来到站上，刘叔叔就向他招手，他跑过去。

刘叔叔背着手，笑眯眯地说："我有一个好玩的东西送给你。"

刘文学高兴地问："什么东西？"

刘叔叔说："你猜猜看。"

刘文学性急地说："刘叔叔，你就给我看吧，我哪猜得着！"

刘叔叔手里拿个东西在刘文学眼前一晃，

问:"你看是什么?"

刘文学看清楚了,刘叔叔手里拿的是一个制作得很精致的弹弓,架子是用粗钢丝做的,几股橡皮扭成了弓弦,正中还配一块柔软的黑牛皮。

刘叔叔捡起一颗石子,放在弹弓上,向麻雀射去,只听得啪的一声,一只麻雀跌落到树下。

刘文学高兴地叫了一声,跑过去捡起麻雀一看,那一弹正好打在它的头上。

刘文学说:"刘叔叔,你怎么打得这么准?"

刘叔叔说:"我小时候就爱玩这玩意儿,那时候,我弹弓打得好极了。"

刘文学笑着问:"刘叔叔,你这么大的人还玩弹弓哪?"

刘叔叔也笑着说:"告诉你吧,这弹弓还有个来历呢。1952年,还在朝鲜的时候,有一次我们驻在一个村上。一天早上,我看见一个小朋友在那里用弹弓打鸟,他没有打中,我一时高兴,就拿过他的弹弓,一连帮他打下了三只鸟。这孩子高兴极了,从此跟我交了朋友。

"后来我们部队离开时,他就一定要把这弹弓送给我,作为纪念,我不能推辞他的好意,只好收下了,后来我每看到这弹弓,就想到那个朝鲜小朋友。

"朝鲜人民是我们中国人民的患难兄弟,朝鲜小朋友是中国小朋友最亲密的小伙伴。我把这弹弓转送给你,是希望你留着做纪念,希望你也能和我们一样,珍惜和朝鲜人民的阶级情意。"

刘叔叔把弹弓递给了刘文学,刘文学非常珍惜地把弹弓揣在怀里。

依依惜别

两个多月的时间过去，柑橘站季节性的工作就要结束了。

柑橘站的厂棚里显得空落落的，靠在河岸旁的最后一艘运橘子的船，已经开走了，庆祝胜利完成任务的晚会也开过了，人们都已经分散，回到自己原来的工作岗位上去了。

但是那天早上，刘文学还赶到站上去，他要去送别刘叔叔。

刘叔叔按照军队里的习惯，把自己的背包打得方方正正的，正要离站。

刘文学怀着惜别的心情，拉着刘叔叔的大手

问:"刘叔叔,你就要走吗?"

"是呀,小刘,昨天不是跟你们都说过吗,叫你们别来了,怎么你又来了呢?"刘叔叔说着,紧紧握住刘文学的小手。

"我要送送你。"刘文学说。

"你这孩子。"刘叔叔微笑地看着这热情的小朋友说。

两个人一起往河滩走去。刘文学又问:"刘叔叔,你以后还来吗?"

刘叔叔说:"要是上级调派,明年包装柑橘的时候还能来,你下合川的时候来找我吧。昨天跟你说的话,可别忘了啊。"

"刘叔叔,我一辈子也不会忘记。"刘文学说着,又想起昨天傍晚的情景了。

昨天天快黑时,刘文学和刘叔叔,还有别的小伙伴们一起在厂棚外面的橘子树下,刘叔叔嘱咐他们要好好学习劳动,还要找机会多学点文化,要力求进步,听党和毛主席的话,做一个好孩子。要爱党、爱人民、爱祖国、爱劳动、爱集体,不要忘记过去受过的罪。

刘叔叔是刘文学最亲爱的、最信赖的人，他所说的每一句话，刘文学都把它深深地铭记在心上，就像刘文学自己说的那样，一辈子也不会忘记。

这时，刘叔叔和刘文学两个人走到河边了，到合川去的船里，已经坐满了人，船长在船上喊道："到合川去的快上船啰。开船啦。"

刘叔叔说："好啦，我上船啦。咱们握下手吧。"

刘叔叔含笑伸出了大手，把刘文学的手紧紧握住，摇了几摇，然后跳上了船，他站在船头上，又向刘文学招招手。

刘文学招着手，看见船离了岸，掉了个头，顺着那澄绿的嘉陵江急流，飞快地向下游驶去。

船已经行驶很远了，刘文学还站在河滩上。他一边招手，一边高声喊："刘叔叔，再见啦。"

刘文学看见刘叔叔也在向他招手，还听见从江里传来刘叔叔的声音："再——见——"

刘文学痴痴地立在那里，直到小船驶过了嘉

陵江的转弯处，连一个小黑点儿也看不见了，他才转身往家里走去。

　　刘文学走得很慢很慢，心里觉得好像忽然少了一样东西，可又说不出到底少了什么。

复 学

刘文学停学已一年半了，在这段时间里，他虽然没能上学，却学到了很多东西。他学会了种庄稼的知识，知道了怎样种红薯、种油菜、种小麦和种各种蔬菜。他用麦草编结的草帽，非常光滑、整洁和坚牢。他喂的羊长得又肥又大。他烧的饭很香。凡是妈妈能够做的事，他都要学，都会做。

刘文学记忆最深的是，在柑橘站工作的那段时间，在那里，他结识了生活中最重要人物：刘叔叔。

刘叔叔对小朋友的关怀，对工作的严格要

求，对党和对祖国的忠诚，都给刘文学带来深刻的影响。他给刘文学讲的那些故事和诚恳的教导，牢牢地刻在刘文学的记忆里。

1957年，在刘文学的生活道路上，发生了一个重大的变化。

那年在刘文学的家乡，合作化发展到新的高潮，五个初级社合成了一个高级社，高级社进一步发展了生产，大多数社员的生活都有了提高，刘文学家的日子也一天比一天好。

生活好了，妈妈决定让刘文学继续去上学。

当妈妈把这一决定告诉刘文学时，他看着妈妈说："我不上学了，我要在家里跟你一起干活。"

妈妈说："上学是大事，这两年家里困难，不能让你上学，妈妈心里一直着急，现在好了，你可以继续去学习了，我已经给你报了名，交了费。那汪老师知道你又能上学了，她也很高兴。"

能复学，刘文学心里很高兴。这两年，他虽然从来没跟妈妈提过学校，但心里还经常想起在学校里的事，他听妈妈这么说，高兴得跳起来，可他忽然又说："妈妈，我上学了，谁帮你干活呀？"

妈妈说："没事的，只要你好好念书，越学越懂事，妈妈再累也高兴。"

第二天早上，刘文学背上了书包，高高兴兴地上学去了。

刘文学重回学校，插在二年级，他的班主任仍旧是亲爱的汪老师。

复学后，刘文学更加珍惜时间，更加认真学习，专心听老师讲课。

能重新上学，是刘文学生活中一件了不起的大事。在家帮妈妈干活的这几年，他懂得了生活的艰辛，他感到在学校念书是来之不易的幸福。

刘文学暗下决心：自己一定不能辜负了老师的期待、妈妈的渴望、刘叔叔的劝告。

于是，刘文学开始如饥似渴地学习。他勤奋努力，复学不久，他成为班里学习优秀的学生了。刘文学不仅爱学习，学习之余，他还帮妈妈干一点零活。

刘文学是个精力充沛的孩子。课余时间，他抓住一切机会跟孩子们玩儿。他的伙伴火生也是个好动好闹的孩子，他虽然上学晚些，但学习成绩很好，很早就加入了少先队，因为在中队里年龄大一点，能力强，威信高，大家还选他当了中队委员。刘文学和他在一起，带着小朋友们玩儿，孩子们就觉得格外有劲。

在刘文学学校的北面，有一个山丘，形状像个大馒头，所以本地人都叫它"馒头堡"。

平时，附近的小朋友在这里放羊割草，天热的时候，学校里的孩子把它当作一个乘凉和"打仗"的地方。

下课的时候，孩子们就往那儿跑，在那儿逮蚂蚱，打冲锋，做各种他们想得出来的游戏，玩得满头大汗，再回到教室上课。

刘文学已经长大了，虽然也喜欢"打仗"，但对装出"冲锋"的架势，空口喊着"冲啊！杀啊"的已经不满足了，他喜欢更像真的打一仗。

刘文学想：要是能在馒头堡进行一场"战斗"该多好啊。不过下课休息的那一会工夫，来不及做这样的游戏。放学后，老师不但让大家排队回家，而且还要跟在后面，送出一程，如果他们偷偷回去，馒头堡离学校很近，会被老师发现的。

刘文学知道火生也有这样的想法，两个孩子暗自商量了一下，决定等老师到乡中心小学去开会的时候，他们就可以玩"真刀真枪"地打一仗的游戏了。

一个星期六。这天中午，老师们匆匆吃过午饭，就开会去了，老师们没走多远，二十多个男孩子就回来了，他们是早已约定好的。

火生笑一笑对大家说："这回真的玩了。"

大家听了，都笑了，于是孩子们开心地玩起来。

火生宣布了游戏的内容，大家听了都很高兴，可是在分配谁来当什么的时候，引起了争议，大家都不愿意当美国鬼子。

这时，同学邱喜说："刘文学怎么不当美国鬼子，我也想当志愿军。"

刘文学一听很不高兴，他气呼呼地说："不

想玩儿就别玩儿，不玩儿就散了吧。"

火生拉了刘文学一把，劝他说，要注意自己的态度，不能这么任性。大家又提了一会儿意见，其中有几个孩子也都发言，表示自己不当美国鬼子的做法是不对的。

火生又问刘文学还有什么意见。

刘文学站起来，认真地说："我一定要改正缺点，我一定要做一个好少先队员。"

为了证实自己的决心，刘文学主动找到了邱喜，说："请原谅，我错了。"

最后，两双手紧紧地拉在了一起。

帮助同学

刘文学和邱喜比以前更亲密了，可有一次，他俩又差点撕破了脸。

一天正在上语文课，小朋友们都用心听着，邱喜却在偷看一本连环图画，老师只顾讲课，没有发现。

忽然一个小纸团掉在邱喜的课桌上。邱喜想也许是谁在纸上写了什么有趣的东西，他急忙打开一看，上面却写着："用心上课"。

邱喜回头看了一下，看见刘文学隔着两个座位，在向他摇头示意。

邱喜被这本连环画吸引住了，舍不得放手，

他又一想自己和刘文学关系好，两人还约好了，放学后一起去打鸟，就是刘文学知道了也没什么。

邱喜他对刘文学撇了撇嘴，装了个鬼脸，又低着头继续看连环画了。

刘文学见邱喜不理，又丢了个小纸团过去，这回邱喜连头也没抬。

刘文学想了一想，举起了手。

老师问："刘文学，什么事？"

刘文学站起来，指着邱喜说："老师，邱喜不听讲，看连环画。"

老师走到邱喜面前，把他手里的连环图画拿走了。

老师生气地看着邱喜说："先认真听老师讲。下了课，到我这儿来，老师有话跟你说。"

邱喜怕老师把书没收了，这书是他借来的，他怪刘文学不该向老师报告，连好朋友都不顾了，邱喜越想越气。

下课了，邱喜到老师办公室，被老师批评了一顿，又把书还给了他。

邱喜走出办公室,在院子里遇见刘文学,就气冲冲地把手里的书扬了一扬,示威似的说:"告状。老师把书还我了。"

刘文学知道邱喜在生他的气,只对他笑了笑,也不辩解。

放学后,刘文学笑嘻嘻地跑来找邱喜。邱喜气呼呼地说:"向老师告状去吧。这还算好朋友?我不跟你好了。"

刘文学笑着说:"还在生气呀?你不和我玩儿也行,不过,我要告诉你,你上课不注意听讲是错的。老师讲课的时候你看连环画,这样会落下课的,上次语文测验,你成绩不好,同学们都替你着急。"

邱喜的脸红了,态度也缓和了。他想起了,因自己语文不及格,刘文学每天放学后,给自己补课,连续一个多星期。

刘文学继续说道:"你上课不听讲,我心里很着急,我们都是少先队员,我怎么能不管你呢?"刘文学说完就走了。

邱喜愣住了,心里不是滋味,他想了一会儿

向刘文学追去。

邱喜追上刘文学,气喘吁吁地说:"我错了,你不要生气。……你还是我的好朋友。"

于是,刘文学和邱喜一起走了,邱喜对刘文学说:"你把课文给我讲一遍吧。"

刘文学说:"这样好。"他们到了坡上,在树下坐好,打开了书包。

刘文学仔细把刚学的课文讲给邱喜听,直到邱喜全懂了,两人才收拾好书包,高兴地玩儿了起来。

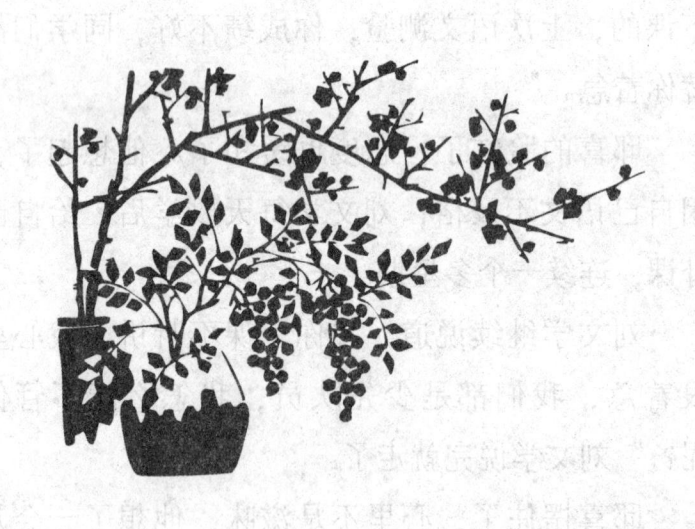

帮着抓坏蛋

刘文学和邱喜开始玩儿捉鸟。刘文学指着高坡上说:"那边树上山雀多,我们去那边吧。"

两个孩子急忙跑到树下,邱喜刚想瞄准,刘文学的弹弓已经打出了。随着响声,一只山雀被打个正着,这只受伤的山雀扑了几扑,却没掉下来。

邱喜说:"它掉到树枝权里去了。"

刘文学说:"没事,我上去捡。"

刘文学赤着脚爬上了树,他骑在树枝上,伸手把山雀捡起来,山雀已经死了。

刘文学正想下来,却突然看见远处有个人

影。刘文学对邱喜说:"那边有人。"

邱喜往刘文学指的地方看去,没看见人。

刘文学说:"我看见一个人,他一边跑,一边回头看,急急忙忙的,看那样子好像谁在后面追他。"

邱喜正想说话,忽然刘文学又指着树丛后面的一条小路,他们看见一个头发又乱又长、腮帮上满是胡须的人,身上穿一件旧灰布衣服,出现在这条小路上。

这人跑到树下,喘着粗气,紧张地往坡下看了一看,又向那边的一片密密的灌木林跑去。

刘文学对邱喜小声说:"我看这个人不是好人。"

邱喜说:"你怎么知道他不是好人呢?可能他急着赶路吧。"

刘文学说:"肯定不是好人,看他害怕的样子,一定是做了什么坏事,怕被人抓住,我们去追他。"

邱喜迟疑地说:"追他干吗?追着了,我们也捉不住他呀。"

刘文学说:"怎么能让坏人逃走呢?也许他是个特务来破坏的,看到他躲在哪儿,我们就去报告民兵队长。"

刘文学和邱喜正要追过去,这时小路上又来了一个人,跑得满头大汗,手里拿着枪。

刘文学一看来人是公安战士就急忙问:"解放军叔叔,你追坏人吗?"

公安战士急忙说:"小朋友,你们见到坏人了吗?他是个劳改犯,逃跑了。"

刘文学说:"我们看到他往那边坡上跑了,我们正要去追他呢,我们跟你一块去追吧。"

公安战士还没说话,刘文学和邱喜两个就飞快地向坡上跑去。公安战士紧跟其后,一会儿,他们就来到坡地。

这里是密密的灌木林,灌木林附近是稀疏的橘林。刘文学指着灌木林,轻声地对公安战士说:"他一定躲在那里面,我们一起进去抓他。"

公安战士急忙说:"你们小,不要进去,我进去搜索,你们要是看到什么动静,就马上喊我。"他说着,纵身钻进了灌木丛中。

刘文学和邱喜两个站在外面。刘文学皱皱眉头说:"不能在这等,我们两个分别从两头来回走,要是看到里面有情况,就喊解放军叔叔。"

两个孩子就分头绕着灌木丛走,刘文学走着,留神看着。忽然他看到有一小丛叶片在摇动着,可定睛看时又不动了。

刘文学想:刚才又没风,怎么这些叶子会晃动呢?恐怕那坏人躲在里面吧。

刘文学想着,又仔细一看,只见在枝叶空隙处,有一片灰布在颤动,肯定是逃跑的坏人。

刘文学急忙跑去找公安叔叔,给他做了个手势。公安战士跑过去拨开树枝,大喝了一声,用刺刀对着那坏蛋。

那坏蛋一看,再也逃不走了,只好乖乖地举起手,从灌木林里爬出来。

公安战士捆住逃犯的手,押着他,跟两个孩子一起往回走去。

公安战士告诉孩子们,这个坏蛋解放前是个流氓,解放后还当过强盗,后来被判劳改,他不好好改造，竟敢逃跑。

公安战士又说："多谢你们两个的协助，若不是你们警惕性高，注意了他的行踪，等天黑了，抓他就麻烦了。"

刘文学和邱喜心里很高兴，特别是刘文学，他觉得自己好像是个真正的小战士了。

公安战士押着坏人上了船，他再一次感谢刘文学他们的协助，就向他们招招手。

船开了，看热闹的大人和小孩，都围着刘文学他们两个，打听抓坏蛋的情形。

在回去的路上，刘文学高兴地说："今天打了只小山雀，虽然丢了，可还打了只大山雀，却没丢。"

说完，两个人都高兴地笑了。

高度警惕性

　　从刘文学住的村子到云门镇，大约十二三里路。刘文学去给李奶奶取药，他一路不停，快步前进，走了近一个小时，才到镇上，他取了药，就又赶紧往回走。

　　正走着，刘文学忽然看到不远处有一个人，这人背着背篼，弯着腰，看样子那背篼很重。

　　冬天天短，这时已是下午五点左右，天色已朦胧，但刘文学眼睛好，他看出那人是王荣学。

　　王荣学鬼鬼祟祟地边走边回头看，等到他看见刘文学要想躲避时，已经来不及了。

　　王荣学堆着笑脸和刘文学打了声招呼，就又

急急忙忙地要走过去。

刘文学紧看着王荣学的背篼，他一把抓住背篼说："你背篼里是什么东西？"

王荣学急忙说："没什么，是一点冬菜，给朋友送去。"说着，就要走。

刘文学喝道："你给我看看。"

王荣学赔笑说："有什么好看的，难道我这么大人了还能撒谎？快让我走吧，天快黑了。"

刘文学说："不行，得看看。"说着，刘文学就一拉背篼。背篼很重，这么一拉，就掉下来，里面的东西撒到地上，全是些柠檬和海椒。

刘文学一看，就明白了。他生气地说："你这地主，竟敢偷公社的柠檬和海椒，我去告诉你们的队长。"

王荣学说："实话告诉你，这是队长叫我摘的，我偷这些东西干什么？"

刘文学知到他在撒谎，就说："谁信你的鬼话。"

王荣学见刘文学不信，就哀求说："你爹跟我是亲戚，我也不骗你，这些东西是我摘的，想换几个钱用，你不要跟人说，我不会忘记你的好的，这儿有一元钱，你拿去买点糖吃，以后我有了钱还给你。"说着，他把钱塞到刘文学手上。

刘文学气得脸都变色了，他把钱打到地上，大声说："谁要你的臭钱，我没工夫跟你多说，你等着吧。"

刘文学说着，转身就走。王荣学喊他，他也不理，急急忙忙向李奶奶家赶去。

王荣学知道刘文学回去一报告，事情就坏了，他想来想去，只好把柠檬、海椒捡起，背着背篼往回走，准备回队里"坦白"，求干部再宽大一次。

王荣学没走多远，有人在后面喊他。王荣学回头一看，是他要去找的王大嘴。

这王大嘴是个投机商贩，喜欢收下一些赃物，因为这些东西可以低价买，赚得更多。他经常从王荣学那买些赃物。

王荣学见了王大嘴，苦着脸说："刚才我被人撞见了，要是别人撞见还好说，却偏偏是刘文学，我左说右说没用，他硬是去报告了，这些东西不能再卖给你了，以后你也别来找我了，免得牵累了你。"

王大嘴哼了一声，说："我怕啥，我是买卖人，正大光明，共产党也得讲道理呀。"他又笑嘻嘻地拍拍王荣学的肩膀说："你这些东西还是卖给我，我保你没事。"

王荣学急忙说："你快说，要是能保得我没事，我就是把东西全送给你都行。"

王大嘴笑笑说："你被一个孩子吓成这样。俗话说，捉贼捉赃，你又没给他们当场抓住，他们要查问你，你就死不认账。他们能只凭小孩子的一句话，就定你罪吗？你把东西都卖给我，就没有把柄落在人家手里了。"

王荣学一听，急忙说："这主意出得好，这些东西我卖给你了。"

王荣学把东西倒在王大嘴的空布袋里，王大嘴给了钱，他俩就分手走了。

王荣学走着走着，突然想到：东西没了，可刘文学是个人证，我是个管制分子，说的话谁信？他们当然听刘文学的，我若是不老实交代，干部不会放过我。何况，我曾经在柑橘站放过火，又弄坏了好几棵橘树，还放了冬水田的水。识时务者为俊杰，我不如假装低头认罪，以后再找机会跟他们算账。

王荣学又想这事坏在刘文学手里，就咬牙切齿地骂刘文学是他的克星，他在心里恶狠狠地想：老子再得了势，第一个就收拾这小杂种，这些穷鬼自以为坐稳天下了，老子只要还有口气，偏不让他们过太平日子，总有一天，非得整垮他们不可。

王荣学回到家，看见富农孙大有，看他那样子，是受了什么气了。

王荣学心生一计，就轻轻招呼说："大有哥，你在跟谁生气呀？你犯得着吗？这些年来尽是些不顺意的事儿，要生气，别把身体气坏了。"

孙大有听王荣学这体贴的话，说："现在做人真难，无故硬说我偷了队里的红薯，我进城给别人带了点东西，就开会斗争我，说我搞投机买卖，又要我做检讨，写保证书，我真不想活了。"

王荣学又装腔作势地说:"真替你冤呀,你过去一直勤做俭用,虽然你也雇过短工,但你自己还是个庄稼汉,你那几亩地和那头大黄牛,还给没收了。世上的事就是这么气人,像我这辈子吃也吃过,穿也穿过,玩也玩过,背个地主名字,也不算什么,可你这样,早赶日头,夜赶月亮,苦吃苦做,也没受用过一天,却受人这样欺负,这事实在叫人不平,要是我,可一天也忍不了,非得跟他们斗一斗不可。"

在王荣学的煽动下,孙大有怨气冲天,拍着大腿大声说:"我也不是好惹的,我要给他们点颜色看看。"

王荣学见孙大有火被煽起来了,就又小声对孙大有说了几句,孙大有连连点头。

刘文学赶到三里以外的大队办公室,他把王荣学偷柠檬和海椒的事报告了。这里山上柠檬种得很少,这些柠檬已经签完购销合同,要供应别的城市的。

大队正在开会,各生产队的干部听了都很生

气，大队急忙派人去把王荣学叫来。

王荣学心里已经有了主意，也不慌张。他看见刘文学也在，就装出十分可怜的样子说，他要彻底坦白，他说，因为天气冷，他没有衣服，想扯几尺布做一件衣服，又没钱，一时糊涂犯了错误，实在不是有意破坏生产，说着还痛哭流涕地打自己的嘴巴。

大队党支书看他装模作样，生气地说："你少来这套，老实交代你到底干过几回？"

王荣学开始还可怜巴巴地狡辩说，就只这一回，可是在大队党支书和大家的批评教育下，他心里虽然不服，但是不得不在第二天召开的群众大会上，向大家作了检查，保证以后决不再犯，并且赔偿了损失。

这事就这么过去了。

制止谣言

　　学校就要放寒假了，在农闲季节，大队支部书记余林叔要带领社员们，到工地上去劳动，刘文学的妈妈准备着，要跟社员们一起出发。

　　这天一早，刘文学到了学校，辅导员跟大家讲了全国的形势和公社的规划。她说到公社的水利建设，和这些建设完成后，会给生产带来更大的便利，孩子们听了，都很兴奋。

　　随后，汪老师说："明天，大队里的人就要到工地去了，有几个人家里孩子小，可还是坚持要去，大队为了帮助他们解决具体困难，决定办一个临时托儿站，托儿站就设在我们学校。大队党支部要求少先队要协助托儿站的工作，要求少先队员们都来关心托儿站，爱护小弟弟小妹妹，另外还要求少先队队部派六个队员正式参加托儿站的工作。"

不久，托儿站里的孩子们就住习惯了，只有叫小坤的孩子，身体比较娇弱，平时离不开妈妈，所以还有点想妈妈。

刘文学为了哄他高兴，一天，就带着他到码头边去玩。小坤家离江边远，他很少看到轮船，现在见了这些新鲜玩意儿，很有兴趣。

刘文学一手抱着小坤，一手指着江里的船只，逗着小坤。这时，刘文学无意中发现王荣学也在码头附近晃悠，他身上背着个粪筐，船工们在岸上说话，他就凑上去搭讪。

刘文学一见他，就很厌恶，心想这岸滩上哪有什么粪，他到这儿来干什么？他又想来搞什么鬼？

刘文学走过去，王荣学也看见了刘文学，立刻装着笑脸说："是谁家的孩子呀？"说着，装模作样地把背上的粪筐扶了一扶，就走开了。

有个船工觉得奇怪，问刘文学："他是什么人？"

刘文学说："你们不知道，他是个管制地主，叫王荣学，以前对我们穷人可凶啦，别看他现在那老实样子，可还尽干坏事，你们可要小心呀。"

王荣学走了，刘文学又带着小坤玩了一会儿，他边玩儿边琢磨：王荣学是在街上闲逛呢，还是真去捡粪了？他在这里转来转去，到底有没有搞鬼呢？

刘文学越想越怀疑，决定还是去看看。

刘文学带着小坤到了街上没看见王荣学，刘文学以为他回去了，就准备带小坤再到馒头堡去玩一会儿。

没走多远，就听见一家屋檐下有个小孩在哭，而且还有邱喜的声音，正在大声叫那小孩不要哭。

刘文学想去问是怎么回事，却看见王荣学也在那儿，刘文学就没过去，他站在一棵树下，想听听王荣学说什么。

邱喜带着珠珠和另一个小孩在玩儿，珠珠有一只泥老虎被小孩打破了，她就哭了起来。邱喜哄不好她，就生了气。这时，王荣学过来了，他对邱喜说："好啦，叫你妈再给你小妹妹买一个，不就行了吗？"

邱喜大声说："她不是我妹妹，是托儿站的，她妈妈到水库去了。"

王荣学说："这么小的孩子，她爸妈舍得把她扔给托儿站，真是的，有家也跟没家的一样，现在什么都得听公社领导的，不去劳动就成了反对人民公社了。"

王荣学又说："我这种老实话在这儿说说不要紧，要让人家共产党和积极分子听了，就该说我死落后了。"

王荣学又说："修水库，修水库，也不知有啥用？从来种田人都靠老天爷吃饭，修水库的好处，还不知哪一年才看得到，眼前硬是把一家家人给拆散了。"

王荣学正说着，忽然听见有人大声喝道："你这狗地主，敢在这里造谣。"

王荣学一看是刘文学，就支支吾吾地说："我又没说什么嘛，他们都听见的，我见这娃娃哭了，想哄她，我是一片好心。"

刘文学说："我听得清清楚楚，人家都自动报名，抢着要去修水库，你说他们是给强迫去劳动的，人家把孩子放在临时托儿站里，这怎么就是拆散了人家的家庭？"

王荣学申辩说："你这个孩子，怎么这样说话？叫人家听了，以为我真的造谣，我说的可不是这个意思。"

刘文学冷笑着说："你说我没听清楚，邱喜就在你面前，难道他也没听清楚？"

王荣学见抵赖不过去，就假装后悔的样子说："你们都听成这个意思了？都怨我不好，不会说话偏爱说，其实我也不是有心造谣，我不过是可怜这孩子，爸妈都不在她身边，没人疼她。"

刘文学指着王荣学的鼻子说："你还敢说鬼话。谁要你疼她，托儿站里的孩子都过得很好，公社那么关心他们，给他们派了好多阿姨照顾他们，大队里还常常给他们送食品，学校老师和同学们也都疼他们，你这是造谣诬蔑，还敢抵赖。"

刘文学心想：这事要向汪老师和林婶婶汇报，这狗地主造谣，不能白白放过他，现在暂且先放了他，有邱喜作证，不怕王荣学以后抵赖。

王荣学狼狈地溜走了，刘文学和邱喜带着孩子们一起上馒头堡去。

刘文学批评邱喜说："你是个少先队员，不该听着地主造谣也不管。"

邱喜不好意思地说："不是我不管，我听他说的时候，没想到他的话是什么意思，后来听你那么一说，才觉得你说得对，以后我对地主说的话，一定要警惕。"

刘文学说："不仅是对地主说的话要警惕，对他的一举一动，都要特别小心。老师经常和我们说，这些坏蛋是不会死心的，他们总要捣乱，要破坏，我们时刻要警惕。"

他们回到学校，刘文学就把地主造谣的事报告了林婶婶和汪老师。

第二天，刘文学去挖了些黏土，用心做了一个泥娃娃和一只公鸡，放在炉里烤干，然后又涂上了颜色。

刘文学把泥娃娃给了珠珠，珠珠喜欢极了，别的小娃儿们见了，都伸手向他要，可是刘文学没有了。

这时，照顾孩子的赵奶奶说："叫哥哥再给大家做几个吧。"

刘文学又挖了些黏土，做了半天，才做了两个娃娃。

刘文学心想，这样做，什么时候才能给每个小朋友都做一个玩具呀？他猛然想起：老师不是教我们做事要依靠集体吗，这事只要依靠大家的力量，就能解决。

刘文学马上找到火生，把自己的想法说了。火生非常赞成，他们在中队开了个会，商量一下，决定发动三、四年级的同学，每人都来做一件玩具。

不久，在中队的倡议下，三、四年级的学生展开了一个做玩具的活动，两三天的工夫，花样

中国梦

繁多的玩具就做好了。

大家推选了代表,把玩具礼物送到托儿站,小孩子们玩儿着玩具,都高兴极了。

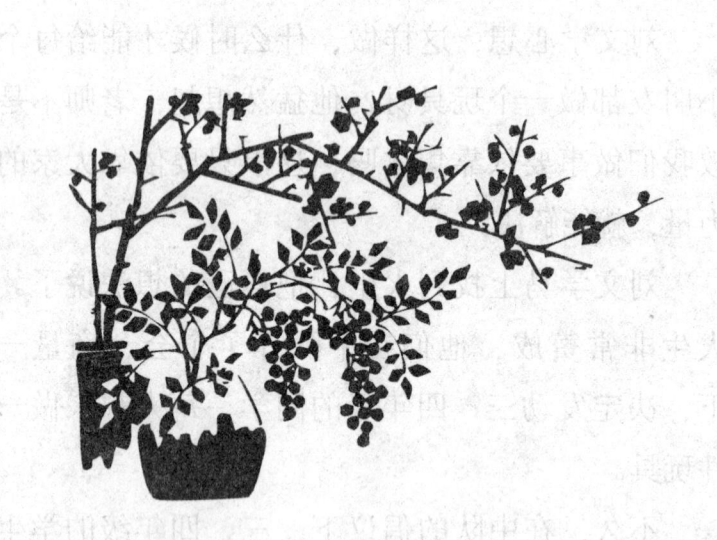

工作重于一切

　　托儿站里的气氛更加活跃了,小孩子们生活得更加快乐了。

　　一天,刘文学和邱喜去给托儿站买东西回来,看见他的妈妈和另外两个妇女,正和林婶婶说话呢。刘文学看见妈妈精神很饱满,心里格外高兴。妈妈把刘文学拉过来看了一看,只过了一个月,这孩子看起来又长高了。小坤的妈妈也来了,小坤正偎在妈妈的怀里,他看见刘文学,就伸着手向刘文学扑过来,一边叫着:"我要跟哥哥玩,哥哥好。"

　　刘文学就把小坤抱了过来,小坤双手搂着刘

文学的脖子，非常亲热的样子。

小坤的妈妈笑着说："看这孩子，哥哥比妈妈还亲了。"

林婶婶说："刘文学这孩子最懂事，又能干，又负责，对小弟弟、小妹妹又和气，又耐心，站上的小娃儿没有不喜欢他的，他真是我们站上最得力的一个帮手。"

刘文学听见林婶婶表扬他，臊得脸也红了。

妈妈说："林婶婶，你可别夸他，小孩子学着干点活都是应该的，还都是你和老师的教导指点。"她说着，又对小坤妈笑笑说："这下你总该放心了吧？小坤在站上过得多好啊。"

小坤的妈妈笑着说："我们全都放心了，林婶婶，叫你们操心了，我们真不知该怎样谢你们。"

林婶婶说："你们在工地上建设，我们带好孩子，让你们安心干活，这是我们该做的事嘛。有什么可谢的，我们办托儿站还没经验，缺点一定很多，你们看到就请提出来，让我们好改正。"

刘文学

这时，小坤闹着要刘文学带他去玩，等刘文学带着小坤回来时，妈妈她们已经走了。

妈妈回家去了，林婶婶叫刘文学回家去看妈妈，今晚不用回站上了。

刘文学回到家里，妈妈就给刘文学讲工地上的情况。妈妈说："工地上，社员们建设水库的干劲和热情可高啦，因为大家热情高，许多人放弃了休假，工程进度比预定的快。照目前情况，在春节以前，水库就可以建成了。"

刘文学听了妈妈的话，眼前出现了工地上一片热火朝天的景象，他真想亲身去参加这场建设。

妈妈又告诉刘文学，工地上有谣言说，托儿站里的孩子照顾得很不好，有好些孩子都得病了，支部书记余林叔特意叫她陪两个孩子的妈妈一起回来看看，回去向大家汇报一下，好让大家放心。

小坤的妈妈和另一个孩子的妈妈，亲眼看到所有的孩子都被照顾得很好，孩子们胖了好多，她们都很高兴，很感激托儿站的同志们，以后就没人听信那谣言了。

她们表示一定要加倍努力建设水库，报答党对她们的关怀。

妈妈最后说："孩子，这托儿站的工作，看起来很平常，意义却很重大。余林叔说，托儿站只许办好，不许办坏。你跟大家一起参加这项工作，干得还不错，妈心里很高兴，你可不能自满，要干得比现在更好，这就是你对修建水库最好的支持。"

刘文学答应了，他又把王荣学对托儿站造谣的事告诉了妈妈。妈妈称赞儿子的警惕性高，做得很对。

妈妈又说："这事林婶婶已经向大队党支部汇报过了，大队就要对王荣学作处理，造谣的事，不止王荣学一个人，地主、富农和坏分子都是仇恨人民的、仇恨共产党的，所以应该警惕他们的破坏活动。"

刘文学看完妈妈就回学校去了。林婶婶问他怎么不陪妈妈住呢。刘文学说："明天一大早就要挑水烧火，给小弟弟小妹妹们做饭，住在家里怕耽误了,托儿站的工作很重要啊。"

刘文学说着,林婶婶好像从他那发光的脸上,看出了什么重要的东西。

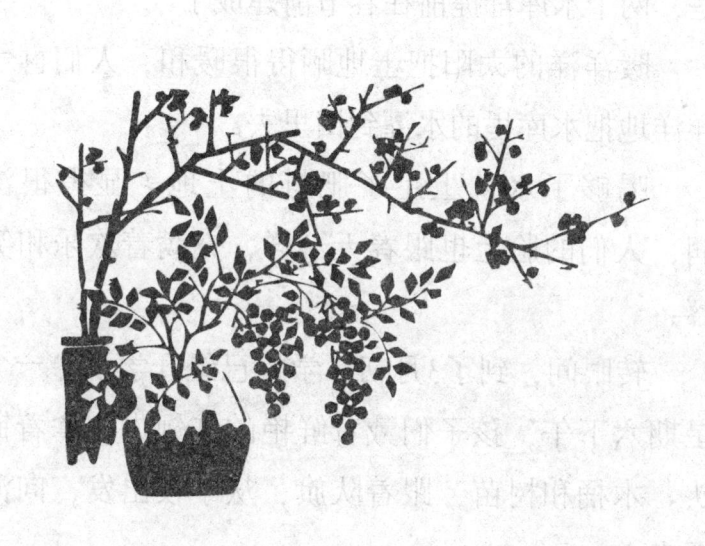

热爱劳动

1959年春天,在渠嘉乡来得似乎比往年早些,两个水库都提前在春节前建成了。

暖洋洋的太阳把土地晒得很暖和,人们喜气洋洋地把水库里的水灌到田里去。

喝够了水,上足了肥料的土地,显得很滋润,人们的脸上也跟春天一样,充满着欢乐和笑容。

转眼间,到了3月初,学校已经开学了。一个星期六下午,孩子们戴着鲜艳的红领巾,拿着锄头、木桶和树苗,跟着队旗,从学校出发,向河渠走去。

学校中队做出一个决定，学校要响应团县委的号召，美化自己的家乡，孩子们都积极参加这个活动，他们准备到渠河岸边植树，计划每人种十棵树。

学校的辅导员没有跟队伍一起来，她到中心小学开会去了。队伍到了河渠边，就分小队开始植树了。

春天的渠河景象动人，在高达几丈的河岸上，向河水望去，只见一片波光粼粼的河水荡漾着。

渠河水不像嘉陵江那么湍急，它碧清的水面，就像一条可爱的绿玉带镶嵌在那里。

在渠河嘴又小又窄的街道上，可以看到，这条绿玉带，在这里紧紧地系在嘉陵江的腰里。

在河岸上，是群山环抱的村子和坡地，田野里的油菜，开着金色的花朵。

胡豆也开了花，它的每一朵花像一只蓝色的小眼睛，在窥看这美丽的春天。

"第三小队跟我来。"刘文学喊着，他已经被推选为小队长了。

队员们跟刘文学到了指定的地点。刘文学把小队分成了三组：第一组人数最多，负责挖坑。第二组人数少些，负责挑水。第三组人数也少，负责栽树。第三组全是女孩子。

刘文学说："我们第一、二两组人多，气力大，挑水和挖坑的活全由我们来干，大家说好不好？"

大家异口同声地说好。

刘蕙英分配在第三组，她却反对说："我们人也大，气力也大，我们也来挖坑和挑水。"

刘蕙英13岁，最怕别人笑她们女孩子不中用了。

她这么一说，彩云和另外几个女孩子也说，她们要参加挖坑和挑水组。

刘文学说："别争了，这还客气什么，栽树也不容易呀，要栽得好，要细心，笨手笨脚的可不行。我看这比挖坑还难，你们包下来吧，这是分工合作嘛。这样做，比每个人单种好，那样自己又挖坑，又种树，又挑水，会很慢的。"

女孩子们听刘文学这么一说，谁也没意见

了。

刘蕙英抿嘴一笑,心里佩服刘文学又公正,又体贴别人。

大家开始动手了。刘文学力气大,又做惯了庄稼活,一锄头下去,就锄起一大块土,再把它轻轻一敲,打得粉碎,一个坑几锄头,就挖得又深又大。

刘文学自己一边挖,一边还叮嘱大家要小心脚下,别滑到坡下面去。

渠河岸边一带都是悬崖,要是摔下去,那是很危险的。

渠河里船工的号子声,在孩子们的耳边响起,那是船工们在用力地划着桨。

在一条船上,要有十几个人同时划桨,他们随着号子声,桨一起抬起来,又一起打下水去,远远看去,那艘船就像在绿玉带上爬动的一只小甲虫。

这时,河面上又响起了一阵机器的响声,孩子们不由得向那里望去。他们看见一艘轮船,拖着三艘木船从后面开来。轮船一会儿就赶上了那艘木船,轮船后面的白浪翻滚着,把木船打得上下跳动。

不一会儿的工夫,轮船和拖船都不见了,只有那艘木船,船桨上下摆动,还在渠河里慢慢航行着。

一个叫胡留的同学说:"这轮船多快,等我长大了,就去开轮船。"

邱喜说:"开这样的轮船没意思,我要开那种大渔轮,开到海洋里,一撒网,就能打起几万斤的大鱼和螃蟹,多有劲。"

在一旁挖坑的孙世根,看着邱喜笑笑说:"你怎么都不忘记螃蟹,嘴真馋。"

说得大家都笑起来。邱喜也笑笑说:"我有一次捉了两只螃蟹,赶紧躲起来,怕刘文学来抢着吃;现在我想开渔轮,去捉鱼捉螃蟹,是要给全国人民吃的。"

刘蕙英正低头栽着树苗,她听了邱喜的话,抬起头来看着他说:"从这里要到海边很远哪,你们在嘉陵江里打打鱼就很好嘛。"

刘文学见大家说得兴致勃勃的,也插话说:

"你怎么小看我们的嘉陵江？我们现在在搞社会主义建设，将来要把嘉陵江改造好了，不光鱼儿蟹儿很多，就是大轮船也可以来来去去地开了。"

刘文学又说："我长大了，就要治理好嘉陵江，把江心那些石滩，一个个都炸光，这样，船工叔叔们就再也不用拉纤划桨了，他们就可以到大轮船上去工作了。"

停了停，刘文学接着说："我们再在嘉陵江上筑一道水坝，修一个水电站，那时我们渠嘉就家家户户有了电灯，夜晚这里到处都闪着灯光，那看起来该多美啊。"

刘文学脸上带着微笑往下说："那时候，只要我们开动电闸，机器就会把水从江里抽到田里，那就永远也不怕天旱了。"

刘文学最后说："我就是要把家乡建设成最美丽、最富足的地方。"

刘文学看看嘉陵江，又看看沿江的山脉和田地，眼里闪射出亮光。

邱喜对刘文学说："你不是跟我说，长大后

要当解放军,去打仗吗,现在怎么又变了?你这是三心二意嘛。"

刘文学说:"我是想当解放军,可是,那也不影响建设自己的家乡呀,要是党说'去当解放军打敌人吧',我就立刻去当解放军,要是党说'去建设你的家乡吧',我就立刻去参加建设。

"我现在是少先队员,以后,我还要加入共青团,还要加入共产党,我要一辈子听党和毛主席的话,一辈子建设祖国,建设家乡。"

天空阴沉了,江面上灰暗起来,过了一会儿,下起了小雨。

孩子们冒着小雨继续栽着树。天色更黯淡,树叶簌簌地响,雨点越来越大了,春雷在天空中隆隆震响。

同学们有的去躲雨,有的说雨太大了,别干了,回家吧。

刘文学犹豫了一下,这些树苗已经放了两天,再不栽下,可能会死掉。

想到这,刘文学就对大家说:"同学们,志愿军叔叔在战场上,连死都不怕,我们能被这点雨吓倒吗，下雨天正好栽树，栽一棵活一棵，大家加油干吧。"

经刘文学这么一鼓励，同学们干劲都调动起来了，大家冒着雨继续栽树。

雨停了，孩子们的身上已经湿透了，可是，没一个孩子抱怨，大家都兴高采烈地说："雨天栽树，栽一棵，活一棵，而且更有趣。"

又干了一会儿，胡留高兴地喊："同学们，我们小队的任务已经胜利完成了。"

队员们都欢呼起来。

刘文学一看，还剩下20棵树苗没人栽，就说："这还有没栽完的。"

胡留说："咱们小队一共来了13个人，我都数过了，我们栽了130棵，正好每人栽了10棵，一棵也不少。"他说着又高声说："任务完成啦，胜利回家啦。"

刘文学皱了皱眉，摆手说："同学们，我们的任务是绿化家乡，这些树苗都是中队分配给我们小队的，小队有两个同志没来，他们没完成任务，我们小队难道能算完成任务了吗？我建议大家把剩下的这20棵栽完再走,大家愿意不愿意?"

大家都同意了。胡留也说:"我们栽完再走,这样我们每个队员还超额完成了任务。"

大家齐动手,不一会儿的工夫,20棵树苗就都栽好了。

刘文学用满是泥水的双手,举起锄头,高兴地喊道:"同学们,我们这回是真的胜利完成任务了。"

队员们欢呼起来。大家看着河岸上,那些新栽的树苗挺立着,经雨水的洗刷,它们郁郁葱葱的,像一排排新兵站在那里。

各小队都陆续栽好了树苗,大家收拾工具准备回家了。

刘文学让同学们先走,他还要到街上去,妈妈让他买盐和煤油。

雨后的路是泥泞的,但是孩子们根本不在乎,他们一边走,一边说着今天栽树的事。

"咱们小队今天任务完成得好,没一棵树苗剩下。"孙满友说。

邱喜说："咱们小队干劲最高了，有两个人没来，可是咱们的小队长刘文学说，小队里没来同学，他们的任务咱们也要完成，咱们每人都超额完成了任务。"

胡留也说："就是，刘文学是咱们的好队长，下周，要改选中队委员，我赞成选刘文学当中队委员。"

"选中队委员，第一个我就选刘文学。"满友也响应说。

满友还说："刘文学是个好队员，他给学校做事，给少先队做事，给其他人做事，都是最热心的，他总是挑最难的做，把容易的让给别人。

"一次，我和刘文学在山上割草，刘文学割得快，割得多，他先把我的背笼装得满满的，然后才往自己的背笼里装，我背了几趟，觉得很累，他又帮我背了一趟回去。

"那天，我割了一百四十三斤多的草，以前我自己从来没割过那么多，可那天，刘文学自己背回家去的草比我还少呢。"

满友刚说完，彩云又接上说了刘文学在托儿

站上热心工作的事。

有好几个孩子都夸奖起刘文学来。

一个同学说,刘文学最关心同学,有一次,他看到有个同学手上长冻疮,烂得很厉害,他就让那个同学去看,那个同学家里比较困难就不去,他就向妈妈要了一点钱给那个同学,并嘱咐那个同学一定要去治冻疮。

还有个同学说,刘文学最爱帮助小同学,有好多次,下大雨的时候,怕他们滑到山沟里去,他就把小同学一个个背过桥。

还有一次,刘文学把一个同学从河里救了起来。

又一个同学说,刘文学最爱集体,学校修房子,买了瓦片,老师和孩子们都自己动手去搬,刘文学一次就搬50块。老师看了,说他搬得太多了,要他少搬些,他却说在家里干活习惯了,搬这点不算什么,早点把教室修好,大家再不怕漏雨了。

最后一个同学说,刘文学还经常帮公社做事,只要他能插得上手,就千方百计地帮着做。

一次，公社里的人都修水库去了，一块地里的红薯还没挖，刘文学知道了，就带几个小朋友挖出来，交到队里，然后又帮队里把这些红薯送到了酒厂。

大家你一言，我一语地说着。刘文学肩上扛着锄头，一手提着一篮盐，一手提着一个油罐，快步走上来。

看见刘文学，大家都不说话了。

刘文学老远听见同学们说得很起劲，可是，他一走近却不说了，就问道："你们刚才有说有笑的，在说什么呢？"

邱喜笑嘻嘻地说："在批评你呢。"

刘文学听了，知道他在说笑话，就说："我不信，批评我，就该当面批评，怎么我一来就不说了呢？"

满友说："你不要听他的，我们都在表扬你呢。"

刘文学说："你别逗我了，我有什么好表扬的，缺点还多得很呢。"

刘文学说着，加快了脚步，他超过了大家，

独自朝前走去。

邱喜在后面喊："刘文学，你急急忙忙的干什么呀？家里给你留什么好吃的了？"

刘文学转过身边走边说："我要去帮李奶奶割牛草，我先走了。"

孙满友高声喊："刘文学，你等一等，我跟你一起去。"说着，快步追上刘文学。

英雄在心里

　　优秀的共产党员、青年女工向秀丽同志，为了保护国家的财产，跟熊熊烈火斗争，避免了一场特大灾祸。

　　可是向秀丽自己全身都被烧伤，虽经全力抢救，可是终于因伤势过重，于1959年1月15日逝世了。

　　向秀丽英勇牺牲的光荣事迹，传遍了全国，广大的青年和少年儿童展开了学习向秀丽优秀品质的活动。

　　5月的一天，渠嘉公社的学校举行了"向秀丽学习周"，全公社有七个优秀的班级，用"向秀丽"的名字来命名，刘文学的班级就是其中的一个。

"向秀丽学习周"开始的第一天，老师对同学们讲向秀丽的事迹，所有的孩子都寂静无声地听着。

刘文学站在队伍里，看着老师，他多么希望从老师的嘴里能够听到好消息。

老师说："……向秀丽想去拿灭火器，可是在灭火器的旁边，是几桶烈性的爆炸物金属钠，她马上想到，要是我去取灭火器，就会引起大爆炸，整个药厂和附近人民的生命就要危险了，她毅然转过身来冲到火里，用手狠狠地堵住酒精的流路。

"另一个女工见向秀丽身上着了大火，就两手不停地给向秀丽身上扑火。向秀丽一面堵酒精，一面大声喊：'快叫人，不要管我。快呀。'

"向秀丽眼看酒精向金属钠那边流去，手掌已经堵不住了，她咬紧牙关，把身体牢牢地贴在地面上，像一堵墙截住了酒精的流路。

"向秀丽咬着嘴唇，这时她全身的衣服都被酒精浸透了，衣服烧了大半截了，手烧焦了……"

刘文学听到这里，把手捏得紧紧的，眼睛睁得大大的。

老师接着说："药厂里的职工赶到楼上来时，装金属钠的桶已经开始冒黑烟了，再迟一分钟，就可能发生猛烈的爆炸。

"是向秀丽用她的身体争取了时间，职工们不顾危险，急忙抱起金属钠，冲下楼去，把它扔在空地上。

"最先上楼来的党支书和车间主任，很快就把向秀丽身上的火扑灭了。

"向秀丽从昏迷中睁开眼，看到同志们，还急忙嚷着：'不要管我，快去搬金属钠。'说完又昏迷过去。

"同志们急忙把她送到医院。向秀丽烧伤的面积占百分之八十，烧到肌肉和骨头的伤占百分之四十，伤势非常严重。

"从各地送来了最好的药品和医疗器械，向

秀丽的同志们，还有她不相识的工人、干部、青年、老年和少先队员们，在医院排成长队，要给向秀丽同志献血。

"向秀丽自己也一直在跟剧烈的痛苦做斗争，有时还安慰那些来探望她的亲人，说她的伤不要紧，很快就可以出院了。

"可是，她的伤势越来越厉害了，1959年1月15日，党的好女儿向秀丽同志，永远地离开我们了。

"在向秀丽生命的最后时刻，她对自己的丈夫说：'有事多请示党……听党的话，是没错的……'"

孩子们听了觉得很悲壮，全院的孩子们都低垂着头，有的还轻声哭了起来。

刘文学是个最倔强的孩子，但是此刻，他眼里含的泪水，忍不住滚下了来。

他看着那挂在墙上的向秀丽的像，默默地说："向秀丽姐姐，我一定要向你学习，你永远活在我的心里。"

老师又说："同学们，我们学习向秀丽，就

是要学习她爱党、爱人民、爱集体的品质,我们要用实际行动来学习,大家争取做四好学生,那就是要学习好、劳动好、身体好、品行好,向向秀丽姐姐学习,共同进步。"

刘文学心里说:"老师说得对,要用实际行动来学习向秀丽姐姐。"

刘文学和火生等几个同学,粉刷了教室的墙壁,在墙壁上挂上了向秀丽的照片。

刘文学看着向秀丽的照片,对同学们说:"向秀丽姐姐的眼睛在盯着我们呢。"

刘文学又认真地说:"她要是活着的话,她会喜欢我们的,我们是少先队员呀。"

向秀丽的英雄事迹,特别是她保卫人民生命财产的忘我精神,对这个刚刚满14岁的少年刘文学是一次非常深刻的教育。

刘文学自从听了老师的报告后,向秀丽的英雄形象就像烙在他的脑子里一样。

他现在最爱听的故事,就是向秀丽的故事,最爱唱的歌,就是《向秀丽之歌》,不论在学校里,在田地里,在山坡上,经常能听到他唱道:

高高的松树挺立在山上,
庄严的红旗飘扬在天空,
向秀丽,你比松树更坚强,
向秀丽,你像红旗闪闪发光……

英雄向秀丽的光辉形象,已深深地扎根在刘文学的心里。

一次活动

中队举行的每一次活动，刘文学都积极热情地参加，而且成为活动中最活跃的一分子。

刘文学最喜欢中队举行的军事游戏，这种游戏在辅导员的热心指导下，非常有趣。

一次，中队照例举行活动。这次的活动地点在馒头堡上，这次活动预定的内容很丰富，有舞蹈，有唱歌，有游戏，还有故事，几乎人人都有节目。

大家都在准备和排练呢，刘文学和孙满友决定演一个相声。他俩一下课就到没人的地方去排练，放晚学以后也抓紧练，他们还搞了点滑稽的表情，想逗大家一笑。

刘文学本来很活跃，说相声也很自然；孙满友平时看样子很老实，哪知他有一种出人意料的天才，在他们俩排练时，他装出那傻乎乎的样子，自己却一点也不笑，把刘文学笑得喘不过气来。

这天吃过晚饭，满友来找刘文学，要到馒头堡去集合，可是他忽然想起一件事，说："刘文学，我们还少两把纸扇子，相声演员手里都拿着纸扇子，我们拿蒲扇怎么行？"

刘文学说："我们院里小勤的爸爸有把纸扇，我去借来，可还少一把。"

满友拍手说："我爸爸有一把，我去拿，我取了马上就来。"

刘文学借了扇子，就跟同院的一些孩子走了。

满友急急忙忙回到家，他知道爸爸的纸扇是放在柜子的盒里。满友把柜子打开，伸手要去拿时，看见盒里有好多短铁丝，都是半寸左右长。

满友看了，呆住了。这些铁丝，跟刘文学在

生产队的牛草里拣出来的一模一样,要害死生产队大黄牛的就是自己的爸爸?爸爸就是坏人?

满友猛然想起来:满友帮李奶奶割牛草,爸爸知道后,开始狠狠骂了自己,还打了自己一巴掌,可是后来,爸爸又鼓励自己继续去帮割牛草,还把他割回来的草,送到李奶奶家去喂牛,可就在这天,牛草里发现了铁丝。

满友又想起来,发现牛草里的铁丝后,爸爸对自己帮李奶奶割牛草不关心了,他再也不看牛草割得好不好,有时还显出十分厌恶的样子。

满友想到这里,浑身的血都凝住了,手脚发冷,自己的爸爸竟会干出这种伤天害理的事。

满友拿起木盒跑到妈妈面前,用颤抖的声音说:"妈妈你看,要害死生产队黄牛的是爸爸。"

孙大有的老婆吓得脸都白了,她也明白是怎么回事了,但她害怕儿子把事情说出去闯祸,就跟满友说:"孩子,你爸就是心地狭窄,做错了事,妈劝他,叫他再也不干这样的事,你可千万不能让别人知道了,别人知道的话,你爸就完了，我们一家也就完了，你听妈妈的话。"她说着哭起来了。

满友虽然也有正义感，为爸爸干的事感到可耻，可是他不够坚强，被妈妈一哭，心就软了。

满友不说话，脸色越来越白了。

刘文学跟同学们到了馒头堡，见满友不来，也不着急，因为他知道满友一向准时，从来不迟到，到时候，他自然会赶到的。

可一直到活动开始了，还不见满友到来，刘文学这才急了。

刘文学心里东猜西想，焦急地张望着。

孩子们围成一个圈，坐在馒头堡的草坪上，他们点了三堆艾草，把蚊蚋都赶跑了。

刘文学的心里越来越着急，他偷偷跟火生说了声，下了馒头堡，急急忙忙向满友家赶去。

没走多远，刘文学看见满友低着脑袋，慢腾腾地走过来。

刘文学喊了一声："孙满友，你是怎么回事啊？你都把我快急死了。"

满友的脸很惨白。刘文学吃惊地问："满

友，你病了吗？"

满友摇摇头，低声说："没有。"

刘文学说着，就来拉满友快走。满友摆脱了刘文学的手，说："今晚，我，我不表演了，我向你请个假，我不去了。"

刘文学睁大眼睛看着满友，他看见满友的眼角上挂着晶亮的泪珠。

刘文学着急地说："你今晚怎么啦？是不是干坏事了。"

满友一听，憋不住放声大哭起来。

刘文学知道自己说错话了，急忙说："我一急就乱说话，我向你道歉，看见你难受的样子，我心里也很难受，我不是故意让你生气的。"

满友强止住了哭，说："我心里难受，你让我回去吧。"

刘文学见满友这样，也没法安慰他，只好让他回家了。

刘文学感觉奇怪地回到会场，他对火生说："满友不来了，不知出了什么事，问他又只哭不说，明天我再去问他。"

刘文学默默地坐到位置上，心里还在想着刚才的事。

这次活动后，孙满友变了，他变得不爱说话，也不爱跟大家在一起，常常一个人坐在那儿发呆。

刘文学又问过满友，可他不肯说，谁也不知道满友到底怎么了。

老师也发现这孩子好像病了的样子，问他，他也没说什么，老师就去找他妈妈。

他妈妈谢过老师说，孩子有点不舒服，不过也没闹什么大病。

过了一段时间，满友稍为活跃了点，于是大家真的以为他是生病了。

坚持不懈

为了响应党的号召，支援公社的油菜增产活动，少先队员们都积极地参加了公社组织的种油菜活动。

学校的园地里已经种满了油菜，连河坡的边上也种上了，可是孩子们觉得还不满足，他们在自己家里的屋后和院子里也种上了。

刘文学很早就动手种油菜。他在自家大院的后面找了块空地，挖好土，还施上肥，种上了50棵油菜。

这些油菜苗，在刘文学的精心管理下，长得很好，他看到这些油菜长得那么可爱，心里非常高兴。

一天，刘文学放学回到家，就到院子后面去看油菜。

一到那里他就目瞪口呆了：只见五六只母鸡正在油菜地里散步，这几只鸡兴致勃勃地咯咯叫着，油菜却一棵也没有了。

刘文学气得捡起一块石头就要扔去，手举起了，可是他猛然想起来：不行，党号召大家饲养家禽，不能把它们打坏了。

刘文学叹了口气，把石头扔在地上，撵着母鸡说："这回饶了你们，下回可不能饶了。"

刘文学想了一会儿，决定放弃这块地，到离院子稍远一点的地方再种。

刘文学又去找了块荒地，这地方都是杂草。

刘文学把草割了，把地翻了，把土松了，接连干了两三天，才把油菜苗种上。

这回他放了心，因为这里离得远些，小鸡们不会来捣乱了。

过了几天，油菜又长得鲜嫩油亮，刘文学高兴起来。

刘文学盼望这些油菜长得快些，好赶上别人第一批种的。

一天放学后，刘文学又到地里去了。他老远就看到了三只小羊在地里，刘文学急忙跑过去一看，那些油菜全被啃光了。

刘文学气呼呼地把羊撵走，痴痴地看着那劫后的油菜地发愣。

人家的油菜都已经长得几寸高了，现在已经10月底了，再种油菜怕有点晚了。

可刘文学想：党号召我们多种点油菜，无论如何我要种好它。

虽然比人家晚了些，可是只要我用心管理，好好侍弄它，还是可以赶上的。

我要想办法，把油菜培养成"油菜王"，每棵至少多收一斤菜籽。

刘文学决定第三次种油菜。

这次，刘文学把油菜地用枝条围成一个小"围墙"，小"围墙"里面，长着绿油油的油菜。

在刘文学的精心培育下，他栽种的油菜不仅

长得又快又好,丝毫不比其他人早种的油菜差,而且在收获时,产量第一。

  刘文学圆满地完成了种油菜的任务,他看着郁郁葱葱的油菜,心里别提多高兴了。

鼓励伙伴

　　一天放学后,刘文学光着脚在沟里摸鱼,他看见满友独自在沟边走着。

　　自从那次活动后,满友总不太对劲,不像以前那样,看样子他心里有事,他自己又不说,别人也没办法帮他。

　　刘文学想,我是少先队员,应该帮助同学,应该找机会去了解他。

　　想到这儿,刘文学马上招呼满友,满友说要回家去。

　　刘文学说:"天凉了,鱼也不多了,我不摸了,跟你一起回去。"

刘文学上了岸,和满友一起走着。满友不说话,刘文学却说东道西。

这时候,他们走到了一片油菜地,刘文学看着说:"这油菜长得多好啊,满友,你种的油菜怎样?"

满友心里想着事,根本没听见刘文学的话。

刘文学拍了他一下说:"满友,你在想什么呀?"

满友急忙说:"没有,没想什么。"

"我问你那油菜种得怎样了?"刘文学说。

"种得还好,给虫吃了好多。"满友心不在焉地回答着。

"这怎么行?快走,我帮你捉虫去。"刘文学着急地说。

满友急忙说不用,自己能捉。

刘文学没听满友的,只是催满友快走。满友没有办法,只好随着刘文学走了。

到了满友家,一看油菜叶被虫子咬得乱七八糟的,刘文学心疼地说:"你怎么管的?都咬成这样了,你还不着急。"

说着，刘文学俯下身去，捉了一条小青虫，扔在地下踩了一脚，恨恨地说："这些虫子，就爱破坏生产，我们非得把它们消灭不可。"

满友听了，觉得刘文学这话好像都是故意说给自己听的，心里更难过了。他蹲在地上跟刘文学一块捉虫，可是半天也没捉住几条。

刘文学捉着虫子，忽然看见地里有一根小小的、带亮光的东西。他捡起来一看，是一根半寸长的铁丝，有一半已经生锈了。

刘文学心里动了一下，他在李奶奶家的牛草里发现的，就是这么长的、这么粗细的铁丝，他又在地上仔细地看了一遍，看见还有好多长短差不多的铁丝，散落在泥里。

刘文学更怀疑了，他捡起铁丝，走到满友面前说："我捡到了好多铁丝，跟坏人用来害公社大黄牛的一样，你说怪不怪？"

满友一看，脸色惨白，他避开刘文学的眼睛，轻轻嗯了一声。

刘文学沉思地说："为什么这些铁丝在你家的油菜地里？"

满友说:"我……我怎么知道铁丝为什么在我家油菜地里呢?"

满友不知道,这些铁丝是他妈妈往塘里扔的时候,落在地上的。

"反正我没有干过坏事,我也不知道谁干的。"满友说这句话时,声音轻得几乎听不见。

刘文学看满友的神色,心里更加怀疑了:满友真的一点不知道吗?为什么这些铁丝在满友家的地里呢?如果是别人扔在这儿的,那么满友何必那么惊慌失措呢?刘文学又联想起前些天,满友忽然闹病的事,就更觉得满友有鬼了。

刘文学想到这儿,脸色一变说:"我现在才明白了,你那些天忽然闹病是为了什么,亏你还是一个少先队员呀。"

满友急得哭出来说:"我没干坏事。"

刘文学气呼呼地看着满友说:"那你说是谁干的?"

"我……不知道,我不知道……"满友擦着眼泪说。

刘文学想:"现在事情刚有了一点头绪,我

不能把满友逼紧了，我要耐心劝他自己说出来，要沉住气，要有耐心。"

刘文学想到这里，口气缓和了，说："满友，你一向是要上进的，你要是犯了错误，诚恳地向队组织说了，认真地改正错误，你还可以做个好队员，现在不说了，你自己好好想想，明天再说吧。"

刘文学说着，拿着几根铁丝走了。没走多远，满友追上来说："刘文学，你等一等，等一等。"

满友说："刘文学，铁丝不是我的，牛草里的铁丝也不是我放的。"

刘文学说："那是谁干的，你一定知道，说吧。"

满友要求说："我告诉你，你不要对别人说。"

刘文学坚定地看着满友说："有人要害死公社的牛，对别人可以不说，一个少先队员，对组织也不说？你也是少先队员，怎么能说这样的话。"

满友又沉默了。过了一会儿，他眼里含着泪说："是我爸爸干的，我爸爸是个坏人。"说到这儿，他控制不住放声大哭起来。

刘文学明白了，他怕别人看到满友哭，就把满友拉到橘林里，劝他不要伤心，慢慢把事情说清楚。

满友就把经过全对刘文学说了，还说为了这事，自己心里一直很痛苦，他恨自己的爸爸，可是为了妈妈，又不敢跟这个坏人斗争。

刘文学听完了，对满友说："你是个少先队员，队员就要爱党，爱毛主席；听党的话，听毛主席的话。党教导我们要爱祖国，爱人民，爱劳动，爱科学，爱护公共财物。我们是真正的少先队员，就要按照党教导我们的去做，你应该动员你爸爸去向公社坦白认罪，这样你就是爱你的妈妈，也挽救了你爸爸。"

刘文学停了一会儿又说："满友，不管是谁，破坏人民的财产，就是我们的敌人，你要拿出勇气，我们全体少先队员都会支持你。"

满友点了点头，他觉得自己真的有勇气了，

他对刘文学说:"你说得对,我要做一个真正的少先队员,你看着吧。"

刘文学信赖地看着自己的朋友,他满心喜欢地向满友挥着手,往家走去。

英勇牺牲

1959年11月18日，星期三。刘文学一早就帮着李奶奶到渠河边去背了牛草，还把牛牵到外面。

这些天妈妈一直都在水库工地上，今晚妈妈要回来了，如今刘文学已经长大了，完全能料理自己的生活了。

妈妈一去就是半月，刘文学只是盼着水库能早点完工，这样公社就不怕天旱了。刘文学心里还藏着祝愿，他希望看到妈妈的胸前能戴一朵大红花，妈妈要回家了，他今天特别高兴。

刘文学到了学校，看满友没来，刘文学心里

非常奇怪：是满友病了，还是家里出了什么事吗？他放心不下，决定晚上到满友家去看看。

满友的事，刘文学向辅导员汇报了。辅导员又把情况向大队支部书记作了汇报，陈支书立即派人暗中监视孙大有的行动，他又和辅导员商量决定，这事先暂时保密，让刘文学继续做满友的工作，帮助满友起来斗争。

放学后，刘文学回到家里。他自己煮了饭，还烧了一碗肉，另外又满满地烧了一锅滚水，准备妈妈回来用。

刘文学又到菜园和油菜地里浇了水，这时已经七八点钟了，看看妈妈还没回来，就自己先吃了。他把菜和饭都给妈妈留在锅里，然后就往满友家走去。

到了满友家，刘文学在门外叫了一声，满友的妈妈慌慌张张地出来说："满友到他舅舅家去了。"

刘文学想：怎么满友不声不响就到舅舅家去，连假也不请……他正想着哩，忽然听见窗户里有人喊："刘文学。"

是满友的声音。满友的妈妈不好意思地笑着说:"他才回来,你要看他,就进去吧。"

刘文学走进去,灯光下见满友郁郁不乐地坐在那儿,脸色灰白,哭丧着脸说:"我爸爸不许我上学了。"

刘文学从满友那声音里听懂了意思,问道:"你爸爸呢?"

"这几天他老不在家,到外面去做买卖了。"满友说。

满友的妈妈急忙说:"你胡说什么,你爸爸哪去做买卖?他到亲戚家串门去了。"

她又带笑对刘文学说:"刘文学,你和满友是好同学,我和你妈也是很好的,满友年纪小,你要多照应他点儿,他不知轻重,你听了不要当真,更不要叫满友到处乱说,你心地很好,我是知道的。"

刘文学气得脸都白了,他大声说:"我叫满友说什么了?孙大有除非没做什么事,做了不怕人知道。"

刘文学说完,气呼呼地转身就走。满友的妈

妈见刘文学生气了，心里慌了。

满友的妈妈很落后自私，她心里只有丈夫和儿子，生怕孙大有干的这事，大家知道了不好做人，就竭力反对他爸爸去自首。

满友说，这事刘文学已经知道了，要是爸爸不去坦白，事情也瞒不过别人了。

满友的妈妈害怕起来，等大有回来就和他商量，大有哪肯去坦白，他说凭人家在地里捡了几根短铁丝，就咬定是他要害死社里的牛，地里又不是家里，谁都可以把东西扔在那儿的，只要儿子不乱说，就没事的。

夫妇俩花言巧语跟儿子说尽了好话，满友就是不说话，大有怕满友惹出事来，连学也不让他上了。

满友的妈妈见刘文学生气跑了，就追出门来，要跟刘文学多说几句好话，可是刘文学早已一阵风似的跑了。

刘文学跑到家里，见妈妈还没回家，猜想她还在路上。他想起刚才满友他妈妈说的话，心里还是有气，又想满友给他爸妈看住了，满友自己不能揭发他爸爸的罪行，还有我呢。

刘文学还留着那些捡来的短铁丝，这就是罪证，以后公社还可以问满友，孙大有这家伙那么坏，怪不得妈妈说他坏，可是妈妈还不知道孙大有这家伙比她们所知道的还坏。

刘文学想，一会儿等妈妈回来，就要把这些事告诉她。

刘文学点亮了灯。他写了白天学的生字新词，还做了算术。今晚不知怎的，心里有点乱。妈妈还没回家，总觉得不安心。于是，他熄灭了灯，又到大门外去等。

外面一片漆黑，四下里很静寂。

刘文学越等越急，妈妈怎么还不回来呢？

刘文学向妈妈回来的方向迎去，这样他可以更早地接到他亲爱的妈妈。

刘文学没走多远，突然看见朦胧的夜色中，有个黑影在海椒地里活动。刘文学的心动了一下。

"会不会又是坏人在搞破坏呢？我要去看个明白。"刘文学心里想。

刘文学轻轻向海椒地走去，越来越证明他看到的黑影的确是个人，正在那里摘海椒。

"这时候大家都该在家里睡觉了，这人在生产队的地里摘海椒，肯定是坏人。"刘文学想着，就悄悄地走近了那个人。

刘文学看清了那人，他愤怒地大喝一声："王荣学，你又干坏事。"

王学荣被这喝声吓得胆战心惊，他万万没想到：这个时候还有人会到地里来，等到他看清楚是刘文学时，全身霎时凉了半截。

王学荣心想："冤家碰到对头，撞在这小崽子手里，我就完了。"

王学荣定了下神，他知道事情也瞒不住了，就说："刘文学，我不瞒你说，我家里没吃的，想在这里摘点海椒卖，我没摘多少，就这一回，下回我不摘了，你放我这回吧。"

刘文学说："我不要听你的，你跟我到队里去，有话你跟队长说吧。"说着，他抓住王荣学的背篓，拉着就走。

王荣学急忙鞠躬作揖说："刘文学，好孩

子，你要帮了我这回忙，我一辈子都记住你的好。这件事除了你，谁也不知道，你不说，就没事，你要是说了，那我就会给关起来，求求你，可怜我吧，你是个聪明孩子，你这样做又能得着什么好处？我明天进城去，给你扯几尺布做衣服，你表叔说话算话。"

刘文学狠狠啐了一口，说："闭嘴，你跟我走。"

王荣学见刘文学这么强硬，就转动着他那野猫似的眼睛，想出了一条毒计。

"刘文学，你就会和我作对，我摘点海椒，你就不肯放过我，有人在那边摘橘子，你怎么不管呢？"王学荣说着，指着那片橘林。

刘文学一听还有人在偷公社里的橘子，一时气糊涂了，就说："你带我去看看，要是真的，不管是谁我都不饶他。"

王荣学见刘文学上当了，心里暗暗高兴。他把刘文学带到了一个坟地旁，这地方离村子和大路都比较远了。

刘文学四下一看，悄无一人，橘子树下也是

空空的，哪有什么人在偷橘子？刘文学生气地说："你这该死的地主，你说有人偷橘子，人呢？"

王荣学狡猾地奸笑起来，两只绿色的眼睛露出了凶光。他恶狠狠地说："刘文学，我再跟你说一遍，你要是聪明的，我现在就送你三块钱，你爱怎么花就怎么花，以后你要用时，只管向我要，我们好聚好散，什么事也没有，你要是硬跟我姓王的作对，那就有你没有我，有我没有你，要死要活，随你的便。"

王荣学说着，拿出了几张钞票，走到刘文学面前。

刘文学握紧了双拳，一动不动，他想起自己幼年时受到的地主的迫害，他想起党教他应该怎样对待坏人，他想起亲爱的妈妈教他怎样做一个正直的人，他想起辅导员和老师教他应该做一个怎样的少先队员，他又想起了那许许多多英雄。

想到这些，刘文学的眼里闪着无畏的坚定的目光，他看着王学荣狰狞的脸，冷冷地说："你别来这一套，我要跟你斗到底，我决不会放过你。"

王荣学狞笑着说:"你不要糊涂,我让你再想一想。"

刘文学大声说:"我清清楚楚,我就是要保卫人民财产,谁也不能破坏它。"说着,刘文学就抓住王荣学的衣服,说:"快走,到队里去。"

王荣学恶狠狠地一把抓住刘文学的手,使劲扭到背后。刘文学使劲地挣扎着,他高声喊道:"快来人哪,王荣学偷公社的海椒。"

王荣学咬牙说:"鬼崽子,我让你叫!"

王荣学掐住了刘文学的咽喉,刘文学的手抓着,脚踢着,一场生死的斗争展开了。刘文学终因人小力弱,被万恶的地主王荣学活活掐死。

少先队员刘文学英勇地倒下了,残忍的凶手王荣学杀害了这个14岁的少年,他害怕人民会惩罚他,竟把刘文学的尸体扔进了鱼塘里。

人们在鱼塘里找到了小英雄刘文学的尸体,公安人员经过周密的侦查,就在刘文学牺牲后的第三天,躲藏在家里的杀人犯王荣学终于被揪了出来。

在合川县体育场上,举行了万人公审大会,杀人犯被国家依法判处了死刑,人民为被害的小英雄报了仇。

深切怀念

刘文学牺牲后,在合川县体育场,举行了万人参加的追悼会。

共青团合川县委员会追认刘文学为"模范少先队员"。

1960年,共青团江津地委追认刘文学为"模范少先队员"。

中共江津地委和行署决定拨专款修建刘文学墓园,时任团中央书记的胡耀邦同志亲笔题写了"刘文学之墓"的碑文。

刘文学的事迹和名字,传遍中国大江南北,当年全国少儿开展了"学习刘文学,做党的好孩子"的活动。

1982年4月、1983年10月，合川县人民政府、国家民政部先后批准刘文学为革命烈士。

在合川县举行万人参加的少年英雄追悼大会后，在渠嘉乡，也举行了一个追悼大会，社员们怀着悲愤的心情参加了大会。

刘文学生前的同学和老师们都来了。他们用热泪和鲜花来祭奠英雄，每个人在自己的心里默诵着庄严的誓言：要以刘文学为榜样，为了保卫党和人民的利益，为了保卫人民财产不怕牺牲，要学习刘文学，做毛主席的好孩子。

刘文学的同学加朋友孙满友来了。他哀悼着关心自己、帮助自己的好朋友，他低垂着头，默默地向刘文学宣誓："亲爱的刘文学，我不会辜负你的帮助，我一定向你学习，做一个真正的少先队员，热爱党，热爱人民，为了党和人民的利益，坚决跟敌人做斗争。"

满友擦掉了眼泪，坚定地走到大队支部陈书记的面前，他愤怒地、激动地说："余林叔，我向你检举，我爸爸孙大有是个坏人，他破坏队里的生产，他是人民的敌人。"

刘文学英勇牺牲的消息传到了祖国各地，全国的少年儿童都感到无限悲痛。

他们决心把刘文学当作自己的榜样，要学习刘文学热爱党、热爱祖国、热爱人民的优秀品质，要学习刘文学敢于跟坏人斗争、毫不妥协的精神。

在刘文学生前活动的馒头堡上，人们为了悼念这个少年英雄，为他建起了一个庄严美丽的墓园，一千多名少先队员和少年儿童，在刘文学的墓前献了花圈，种了树。

在刘文学的墓前，屹立着一尊乳白色的塑像——少先队员刘文学背着书包，面向着他美丽的故乡，面向着嘉陵江和渠河，面向着亲爱的学校，红领巾在他的胸前飘舞，他的眼里流露出英勇无畏的目光。

刘文学紧握着双拳，从他的眼睛里还可以看到一种警觉的神色，似乎在对那些高举着队旗，飘舞着红领巾，来到他面前来瞻仰的孩子们说："同学们，你们要听党的话，时刻警惕着坏人的破坏活动,时刻警惕着他们的阴谋。"

每个到过刘文学墓园的孩子,每个听过刘文学事迹的孩子,他们都以刘文学为榜样,努力学习。

刘文学永远活在人们的心中。